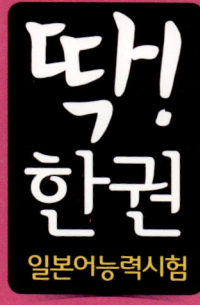

딱!
한권
일본어능력시험

테마별
연상암기
DAY 30일 완성

JLPT
단어장

N4

저자 JLPT연구모임

시사일본어사

딱! 한권 JLPT 단어장 N4

초판 발행	2018년 9월 5일
1판 4쇄	2024년 6월 20일

저자	JLPT연구모임
책임 편집	조은형, 김성은, 오은정, 무라야마 토시오
펴낸이	엄태상
조판	이서영
콘텐츠 제작	김선웅, 장형진
마케팅	이승욱, 왕성석, 노원준, 조성민, 이선민
경영기획	조성근, 최성훈, 김다미, 최수진, 오희연
물류	정종진, 윤덕현, 신승진, 구윤주

펴낸곳	시사일본어사(시사북스)
주소	서울시 종로구 자하문로 300 시사빌딩
주문 및 교재 문의	1588-1582
팩스	0502-989-9592
홈페이지	www.sisabooks.com
이메일	book_japanese@sisadream.com
등록일자	1977년 12월 24일
등록번호	제 300-2014-31호

ISBN 978-89-402-9246-4 13730

JLPT 단어장

일본어능력시험

딱! 한권

N4

시사일본어사

• 이 책의 장점 ⬆

2010년부터 최근까지의 일본어능력시험을 토대로 언어지식뿐만 아니라 독해•청해 어휘도 함께 분석하여 출제 빈도가 높은 어휘를 수록하였으며, 효율적으로 암기 할 수 있도록 테마별로 구성해 놓았습니다.

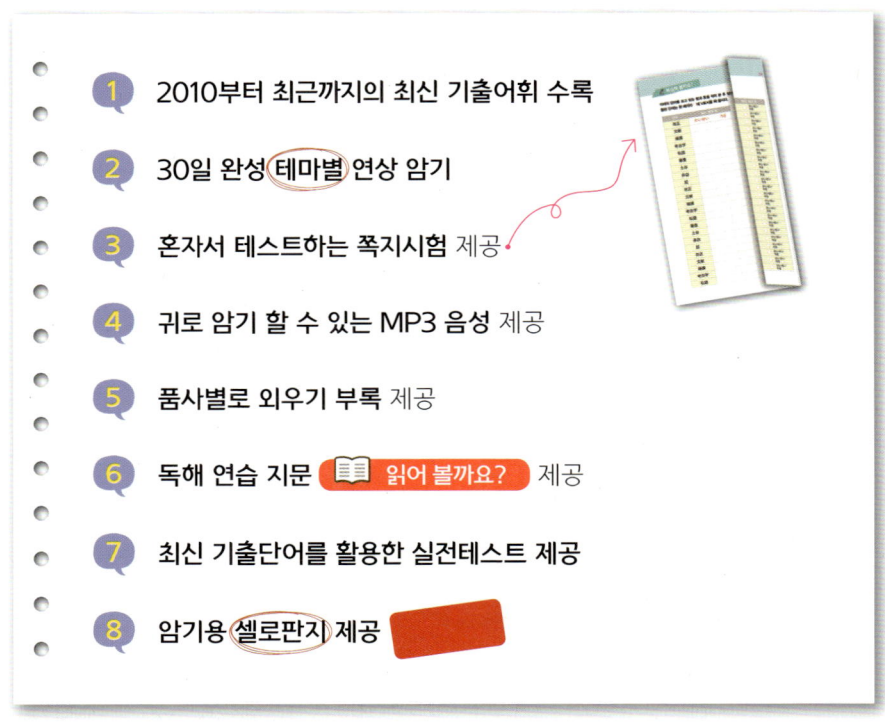

1. 2010부터 최근까지의 최신 기출어휘 수록
2. 30일 완성 테마별 연상 암기
3. 혼자서 테스트하는 쪽지시험 제공
4. 귀로 암기 할 수 있는 MP3 음성 제공
5. 품사별로 외우기 부록 제공
6. 독해 연습 지문 📖 읽어 볼까요? 제공
7. 최신 기출단어를 활용한 실전테스트 제공
8. 암기용 셀로판지 제공

● 본 책의 사용법

장 도비라

시작하기 전 이미 알고 있는 단어에 체크해 보고, 암기가 끝난 뒤에 어떤 단어를 알게 되었는지 체크해 봅시다.

테마별 단어

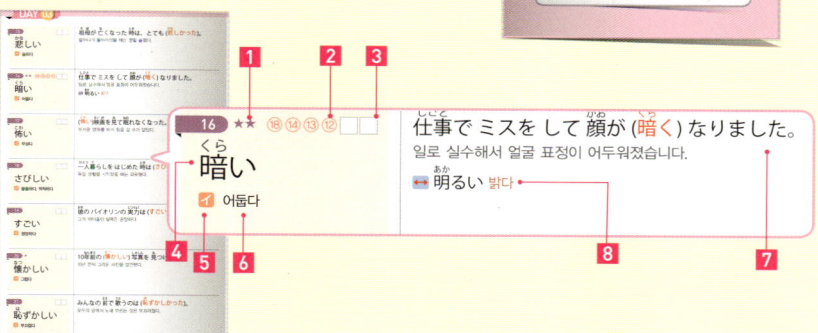

1 중요 어휘	앞으로의 경향을 분석하여, 출제 가능한 어휘의 중요도 순을 ★의 개수로 표시해 두었습니다. 반드시 학습해 둡시다.
2 기출연도	2010년부터 최근까지의 일본어능력시험 기출 어휘를 표시해 두었습니다. 출제된 어휘를 체크하면서 실전 감각을 키워봅시다.
3 체크 박스	암기를 마친 단어에는 체크하면서 확인할 수 있습니다.
4 표제어	급수별 꼭 알아두어야 할 필수 어휘를 30일로 나누어 효율적으로 학습할 수 있도록 하였습니다.
5 품사	문장 구성을 이해하기 위한 품사를 표시해 놓았습니다.
6 의미	다양한 의미를 이해하고, 독해ㆍ청해도 대비할 수 있도록 하였습니다.
7 예문	암기력을 높이는 예문입니다. 차근차근 읽어보고 암기용 셀로판지를 이용하여 다시 한번 체크해 봅시다.
8 관련 어휘	단시간에 많은 단어들을 효율적으로 암기할 수 있도록 표제어와 관련된 어휘를 함께 실었습니다.

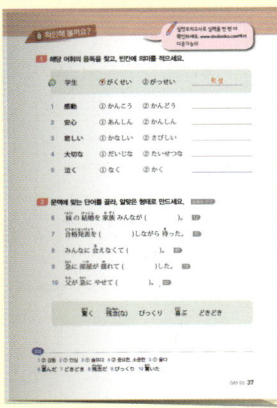

데일리 체크 문제

🔖 확인해 볼까요?

그날 그날 학습한 어휘에 대한 간단한
문제를 풀어보며 확인할 수 있습니다.

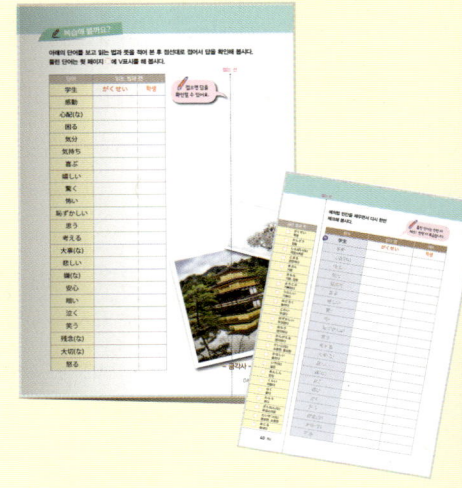

쪽지시험

✏️ 복습해 볼까요?

출제 빈도가 높은 중요 어휘를 다
시 한번 체크할 수 있도록 하였습
니다.

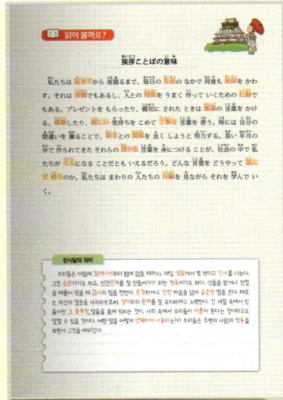

독해

📖 읽어 볼까요?

10일 동안 배운 어휘를 토대로 독해
지문을 읽어 보며 독해 실력까지 점
검할 수 있도록 하였습니다.

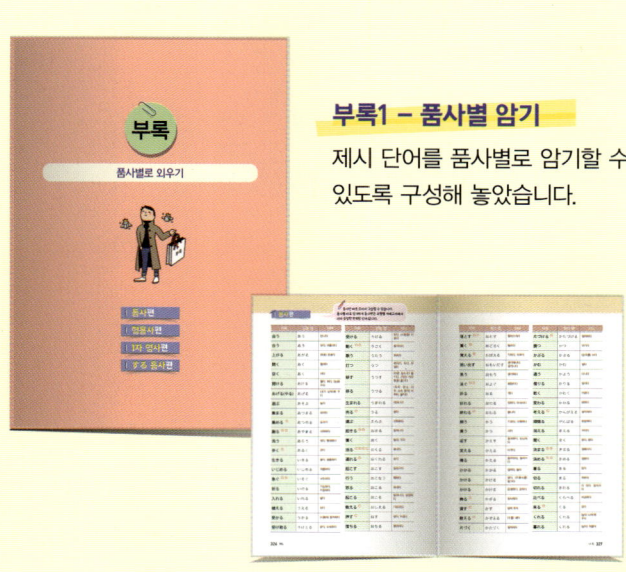

부록1 - 품사별 암기

제시 단어를 품사별로 암기할 수
있도록 구성해 놓았습니다.

부록2 - 인터넷 공개 실전문제

기출 어휘로 구성된 모의문제 15회분을 무
료로 다운로드 받아, 실전문제를 풀어보며
최종 점검을 할 수 있습니다.

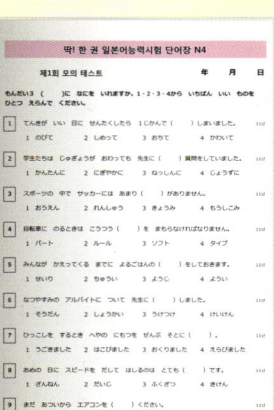

목차

품사 일람표

명	명사
동	동사
イ	イ형용사
ナ	ナ형용사
연	연체사
부	부사
자	자동사
타	타동사
존	존경어
겸	겸양어
정	정중어

관련어 일람표

↔	반의어
+	추가 관련어휘
≒	유의어

DAY 01

DAY 01 mp3

인간 관계

알고 있는 단어를 체크해 봅시다.

☐ 01 あいさつ	☐ 02 遠慮	☐ 03 お祝い	☐ 04 おかげ
☐ 05 お客さん	☐ 06 お見合い	☐ 07 お礼	☐ 08 結婚
☐ 09 紹介	☐ 10 招待	☐ 11 承知	☐ 12 女性
☐ 13 世話	☐ 14 相談	☐ 15 男性	☐ 16 話
☐ 17 久しぶり	☐ 18 約束	☐ 19 あげる(やる)	☐ 20 くれる
☐ 21 信じる	☐ 22 たずねる	☐ 23 訪ねる	☐ 24 頼む
☐ 25 手伝う	☐ 26 待つ	☐ 27 もらう	☐ 28 別れる

DAY 01

01 ★★ ⑭ □□

あいさつ

[명] [する] 인사

(あいさつ)は 大切(たいせつ)な コミュニケーションです。
인사는 중요한 커뮤니케이션입니다.

---

02 ★★★ □□

遠慮(えんりょ)

[명] [する] ①사양, 삼감, 겸손 ②거리낌

① (遠慮(えんりょ))しないで、たくさん 食(た)べて ください。
사양하지 말고 많이 드세요.

② 彼(かれ)は どんな 人(ひと)にも、(遠慮(えんりょ))なく 意見(いけん)を 言(い)う。
그는 어떤 사람에게도 거리낌 없이 의견을 말한다.

---

03 ★★ □□

お祝(いわ)い

[명] [する] 축하, 축하 선물

卒業(そつぎょう)の (お祝(いわ)い)に 時計(とけい)を もらった。
졸업선물로 시계를 받았다.

[+] お礼(れい) 사례, 사례 인사(선물)

---

04 □□

おかげ

[명] 덕택, 덕분

先生(せんせい)の (おかげ)で、ピアノが 上手(じょうず)に なりました。
선생님 덕분에 피아노를 잘 칠 수 있게 되었습니다.

[+] おかげさまで 덕분입니다(인사말)

---

05 □□

お客(きゃく)さん

[명] 손님

うちに (お客(きゃく)さん)が 来(き)たら 挨拶(あいさつ)してね。
집에 손님이 오시면 인사하세요.

---

06 □□

お見合(みあ)い

[명] [する] 맞선

両親(りょうしん)は (お見合(みあ)い)を して 結婚(けっこん)した そうです。
부모님은 맞선을 보고 결혼했다고 합니다.

---

07 ★★★ ⑭ ⑪ □□

お礼(れい)

[명] 사례, 사례 인사(선물)

入学祝(にゅうがくいわ)いを くれた しんせきに、(お礼(れい))の 電話(でんわ)を した。
입학 선물을 준 친척에게 감사의 전화를 했다.

08
けっこん
結婚
명 する 결혼

10月に 大学の 先輩と (結婚)する ことに なりました。
10월에 대학 선배와 결혼하게 되었습니다.
➕ 結婚式 결혼식

---

09 ★
しょうかい
紹介
명 する 소개

友達が (紹介)して くれた 人が、今の 彼女です。
친구가 소개해 준 사람이 지금의 여자친구입니다.

---

10 ★ ⑬
しょうたい
招待
명 する 초대

フランスの 家庭の ホームパーティーに (招待)されました。
프랑스 가정의 홈 파티에 초대받았습니다.

11
しょうち
承知
명 する 알아들음, 승락

上司からの メールに「(承知)しました」と 送った。
상사로부터의 메일에 '잘 알겠습니다'라고 보냈다.

12
じょせい
女性
명 여성

会議では (女性)の 出席が 少なかった。
회의에서는 여성들의 출석이 적었다.

---

13 ★★★
せわ
世話
명 する 도와줌, 보살핌, 신세

サークルでは、先輩が 1年生の (世話)を している。
동아리에서는 선배들이 1학년들을 돕고 있다.
➕ 世話になる 신세지다

---

14 ★★
そうだん
相談
명 する 상담, 상의

悩んだ 時は、いつも 姉に (相談)する。
고민이 있을 때는 언제나 언니에게 상담한다.

15 ★★★ ⑬ ⑫ □□

だんせい
男性

[명] 남성

会社(かいしゃ)には スーツを 着(き)た (男性(だんせい))が 多(おお)い。
회사에는 정장을 입은 남성이 많다.

---

16 □□

はなし
話

[명] 이야기

先輩(せんぱい)の お(話(はなし))は、兄(あに)から よく 聞(き)きました。
선배님 이야기는 오빠한테서 자주 들었습니다.

---

17 □□

ひさ
久しぶり

[명] [ナ] 오래간만

(久(ひさ)しぶり)に 中学校(ちゅうがっこう)の 友達(ともだち)に 会(あ)った。
오랜만에 중학교 때 친구를 만났다.

---

18 ★ ⑭ □□

やくそく
約束

[명] [する] 약속

夕食(ゆうしょく)を みんなで 食(た)べる ことが、家族(かぞく)の (約束(やくそく))だ。
저녁밥을 다 같이 먹는 것이 가족 간의 약속이다.

---

19 □□

あげる(やる)

[동] (내가 남에게) 주다

友達(ともだち)の 誕生日(たんじょうび)に プレゼントを (あげる)のを 忘(わす)れて いた。
친구 생일에 선물 주는 것을 깜빡하고 있었다.

弟(おとうと) は 毎日(まいにち) ペットの 猫(ねこ)に えさを (やる)。
남동생은 매일 애완 고양이에게 먹이를 준다.

[+] やる 주다, 아랫 사람이나 동·식물에 무언가를 해줄 때 사용한다.

---

20 □□

くれる

[동] (남이 나에게) 주다

祖母(そぼ)が 若(わか)い 時(とき)に 買(か)った 指輪(ゆびわ)を (くれた)。
할머니가 젊은 시절에 산 반지를 주셨다.

[+] もらう (남에게) 받다

---

21 □□

しん
信じる

[동] 믿다

母(はは)は 父(ちち)の ことを 心(こころ)から (信(しん)じて) いる。
어머니는 아버지를 마음으로부터 신뢰하고 있다.

22 ★

たずねる

[동] 묻다, 찾다, 탐구하다

会議室(かいぎしつ)は どこか (たずねた)。
회의실은 어딘지 물었다.

---

23 ★

訪(たず)ねる

[동] 방문하다

先生(せんせい)の お宅(たく)を (訪(たず)ねる)のは 2回目(かいめ)だ。
선생님 댁을 방문하는 것은 두 번째다.

---

24 ★★

頼(たの)む

[동] 부탁하다

同僚(どうりょう)に、仕事(しごと)を 手伝(てつだ)って ほしいと (頼(たの)んだ)。
동료에게 일을 도와 주었으면 좋겠다고 부탁했다.

---

25 ★ [13]

手伝(てつだ)う

[동] 돕다, 거들다

家(いえ)では 掃除(そうじ)や 洗濯(せんたく)を (手伝(てつだ)う)。
집에서는 청소나 빨래를 돕는다.

---

26 ★★ [15] [13] [11]

待(ま)つ

[동] 기다리다

バスを (待(ま)つ) 時間(じかん)を 利用(りよう)して 音楽(おんがく)を 聞(き)く。
버스를 기다리는 시간을 이용해 음악을 듣는다.

27

もらう

[동] 받다

母(はは)の 日(ひ)に 娘(むすめ)から 花(はな)を (もらった)。
어머니 날에 딸에게 꽃을 받았다.

友達(ともだち)に 新(あたら)しく 出(で)た 本(ほん)を 送(おく)って (もらった)。
친구에게 새로 나온 책을 보내 받았다(친구가 보내주었다).

28

別(わか)れる

[동] 헤어지다

彼女(かのじょ)と (別(わか)れる) ことに した。
그녀와 헤어지기로 했다.

1 해당 어휘의 음독을 찾고, 빈칸에 의미를 적으세요.

예	学生	✓ がくせい	② がっせい	<u>학 생</u>

1	招待	① しょうかい	② しょうたい	_____
2	約束	① やっそく	② やくそく	_____
3	お礼	① おれい	② おいわい	_____
4	待つ	① まつ	② もつ	_____
5	相談	① かいだん	② そうだん	_____

2 문맥에 맞는 단어를 골라, 알맞은 형태로 만드세요. 표제어 번호

6 家では、掃除や 洗濯を (   )。 **25**

7 サークルでは、先輩が 1年生の (   )をする。 **13**

8 会議室は どこか (   )。 **22**

9 (   )しないで、たくさん 食べて ください。 **02**

10 (   )は 大切な コミュニケーションです。 **01**

	たずねる	遠慮	世話	あいさつ	手伝う

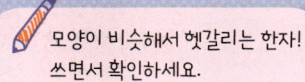

모양이 비슷해서 헷갈리는 한자!
쓰면서 확인하세요.

틀리기 쉬운 한자 - 모양 1

[예] 待	待(ま)つ	待(ま)つ	待(ま)つ	待(ま)つ	待(ま)つ
기다릴 대	기다리다	기다리다	기다리다	기다리다	기다리다
持	持(も)つ				
가질 지	들다, 가지다				
特	特別(とくべつ)だ ⑰				
특별할 특	특별하다				
泳	泳(およ)ぐ ⑭				
헤엄칠 영	헤엄치다				
海	海(うみ)				
바다 해	바다				
港	空港(くうこう)				
항구 항	공항				
歩	歩(ある)く ⑪				
걸음 보	걷다				
走	走(はし)る ⑬				
달릴 주	달리다				
起	起(お)きる ⑬				
일어날 기	일어나다				
足	足(た)りない				
발 족	부족하다				

동사 활용

사전형	ない형 (~지 않다)	ます형 (~입니다)	명사 수식형 (~하는 + 명사)	의지·권유형 (~해야지·~하자)
1그룹활용	u → a ない	u → i ます	u → u + 명사	u → o + う
行く	行かない	行きます	行く人	行こう
待つ	待たない	待ちます	待つ人	待とう
作る	作らない	作ります	作る人	作ろう
急ぐ	急がない	急ぎます	急ぐ人	急ごう
会う★	会わない	会います	会う人	会おう
帰る★★	帰らない	帰ります	帰る人	帰ろう
2그룹활용	る → ない	る → ます	る → る + 명사	る → よう
食べる	食べない	食べます	食べる人	食べよう
見る	見ない	見ます	見る人	見よう
3그룹활용	불규칙	불규칙	불규칙	불규칙
する	しない	します	する人	しよう
くる	こない	きます	くる人	こよう

★ 1그룹 동사 중 う로 끝나는 동사의 경우, ない형 접속에 주의 해야 한다.

📕 かう + ない = かわない (O), かあない (X)

★★ かえる처럼 겉모습은 2그룹처럼 생겼지만, 1그룹 활용을 하는 동사가 있다.
이런 동사를 예외 1그룹 동사라고 하며, 아래의 예외 1그룹 동사도 알아둡시다.

要る 필요하다 ➔ 要らない

帰る 돌아가다(오다) ➔ 帰らない

切る 자르다 ➔ 切らない

知る 알다 ➔ 知らない

入る 들어가다 ➔ 入らない

走る 달리다 ➔ 走らない

減る 줄다 ➔ 減らない

복습해 볼까요?

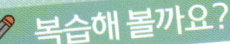

아래의 단어를 보고 읽는 법과 뜻을 적어 본 후 점선대로 접어서 답을 확인해 봅시다.
틀린 단어는 뒷 페이지 □에 V표시를 해 봅시다.

접는 선

단어	읽는 법과 뜻	
学生	がくせい	학생
遠慮		
結婚		
待つ		
男性		
世話		
手伝う		
お見合い		
信じる		
訪ねる		
頼む		
お礼		
相談		
紹介		
お客さん		
承知		
約束		
女性		
久しぶり		
話		
招待		
お祝い		
別れる		

접으면 답을 확인할 수 있어요.

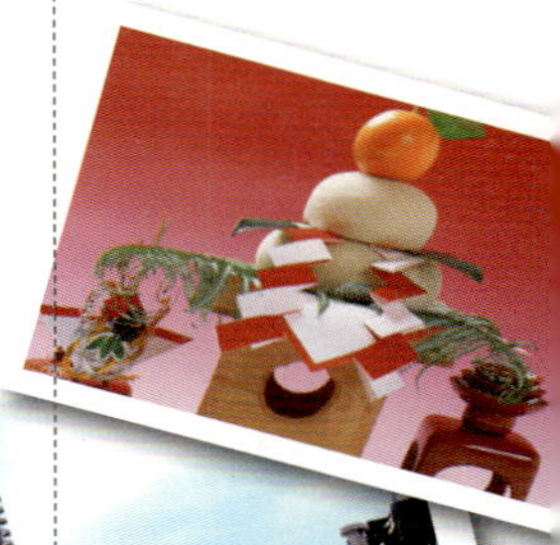

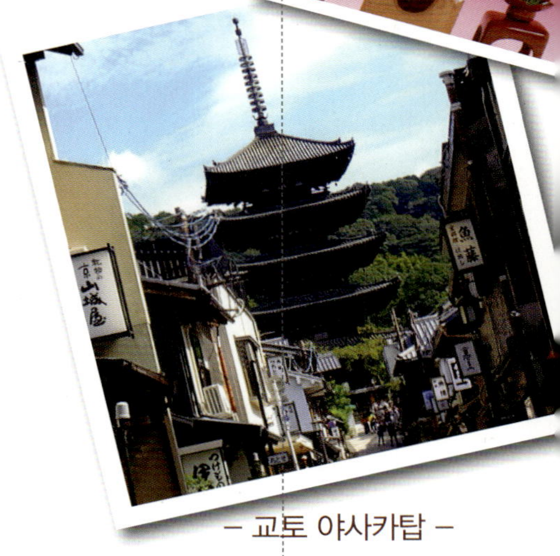

– 교토 야사카탑 –

예처럼 빈칸을 채우면서 다시 한번
체크해 봅시다.

틀린 단어는 한번 더
체크! 한번 더 복습합니다.

읽는 법과 뜻
☐ がくせい 학생
☐ えんりょ 사양, 삼감, 거리낌
☐ けっこん 결혼
☐ まつ 기다리다
☐ だんせい 남성
☐ せわ 도와줌, 보살핌, 신세
☐ てつだう 돕다, 거들다
☐ おみあい 맞선
☐ しんじる 믿다
☐ たずねる 방문하다
☐ たのむ 부탁하다
☐ おれい 사례, 사례 인사(선물)
☐ そうだん 상담, 상의
☐ しょうかい 소개
☐ おきゃくさん 손님
☐ しょうち 알아들음, 승락
☐ やくそく 약속
☐ じょせい 여성
☐ ひさしぶり 오래간만
☐ はなし 이야기
☐ しょうたい 초대
☐ おいわい 축하, 축하 선물
☐ わかれる 헤어지다

한자	읽는 법	의미
예 学生	がくせい	학생
遠慮		
結婚		
待つ		
男性		
世話		
手伝う		
お見合い		
信じる		
訪ねる		
頼む		
お礼		
相談		
紹介		
お客さん		
承知		
約束		
女性		
久しぶり		
話		
招待		
お祝い		
別れる		

DAY 02 mp3

가족

☐ 01 赤んぼう	☐ 02 兄	☐ 03 姉	☐ 04 妹
☐ 05 うそ	☐ 06 おしゃべり	☐ 07 お宅	☐ 08 夫
☐ 09 弟	☐ 10 親	☐ 11 家族	☐ 12 家内
☐ 13 関係	☐ 14 兄弟	☐ 15 自分	☐ 16 主人
☐ 17 冗談	☐ 18 祖父	☐ 19 祖母	☐ 20 父親
☐ 21 妻	☐ 22 母親	☐ 23 息子	☐ 24 娘
☐ 25 両親	☐ 26 会う	☐ 27 生まれる	☐ 28 答える
☐ 29 騒ぐ	☐ 30 しかる	☐ 31 つれる	☐ 32 似る
☐ 33 迎える	☐ 34 呼ぶ	☐ 35 特別(な)	

DAY 02

01

あか
赤んぼう

[명] 갓난아기

(赤(あか)んぼう)が 大(おお)きな 声(こえ)で 泣(な)いて いる。
갓난아기가 큰 소리로 울고 있다.

≒ 赤(あか)ちゃん 아기

02 ★ ⑫

あに
兄

[명] 형, 오빠

私(わたし)の (兄(あに))は 今年(ことし) 大学(だいがく)を 卒業(そつぎょう)した。
우리 형은 올해 대학을 졸업했다.

+ お兄(にい)さん (다른 사람의) 형, 오빠

03

あね
姉

[명] 누나, 언니

(姉(あね))と 弟(おとうと)は 小(ち)いさな ことで よく けんかを する。
누나와 남동생은 작은 일로 자주 싸운다.

+ お姉(ねえ)さん (다른 사람의) 누나, 언니

04 ★ ⑬

いもうと
妹

[명] 여동생

(妹(いもうと))と 父(ちち)は 性格(せいかく)が 似(に)て いる。
여동생과 아버지는 성격이 비슷하다.

+ 妹(いもうと)さん (다른 사람의) 여동생

05 ⑮ ⑬

うそ

[명] 거짓말

(うそ)は つかない 方(ほう)が いい。
거짓말은 하지 않는 편이 좋다.

+ うそつき 거짓말쟁이

06

おしゃべり

[명] [する] 수다, 잡담
[ナ] 수다스러운

授業中(じゅぎょうちゅう) (おしゃべり)は いけません。
수업 중 잡담은 안 됩니다.

母(はは)は (おしゃべり)な 性格(せいかく)だ。
어머니는 수다스러운 성격이다.

07

たく
お宅

[명] 댁

昨日(きのう)は 部長(ぶちょう)の (お宅(たく)))に 伺(うかが)った。
어제 부장님 댁으로 찾아뵈었다.

08 ★
おっと
夫
명 남편

うちの (夫)は 映画が 好きです。
우리 남편은 영화를 좋아합니다.
≒ 主人 남편

09
おとうと
弟
명 남동생

(弟)は 今も 実家に 住んでいる。
남동생은 아직도 부모님 댁(본가)에 살고 있다.
➕ 弟 さん (다른 사람의) 남동생

10 ★
おや
親
명 어버이, 부모

今は (親)の 仕事を 手伝っている。
지금은 부모님 일을 돕고 있다.

11 ★★
か ぞく
家族
명 가족

私は、父と 母と 妹の 4人(家族)です。
저는 아버지, 어머니, 여동생 4인 가족입니다.

12
か ない
家内
명 (자기의) 아내

(家内)は 用事が あって 出かけました。
아내는 볼일이 있어 외출했습니다.
➕ 奥さん (다른 사람의) 아내

13
かんけい
関係
명 관계

子どもに とって 家族の (関係)は 大切です。
아이에게 있어 가족 관계는 중요합니다.

14
きょうだい
兄弟
명 형제

息子は (兄弟)が いない ひとりっ子だ。
아들은 형제가 없는 외아들이다.

---

15 ★★ ⑩ ☐☐

じ ぶん
自分

명 자기, 자신

(自分)の 部屋は たたみに したいです。

제 방은 다다미방으로 하고 싶습니다.

---

16 ☐☐

しゅじん
主人

명 남편, 주인

(主人)は 仕事で 留守に している。

남편은 일 때문에 부재 중이다.

➕ ご主人 (다른 사람의) 남편

---

17 ☐☐

じょうだん
冗談

명 농담

兄は いつも (冗談)を 言っている。

형은 언제나 농담을 한다.

---

18 ☐☐

そ ふ
祖父

명 조부, 할아버지

(祖父)は 若いころから お祭りが 好きだ。

할아버지는 젊으실 때부터 축제를 좋아하신다.

🟰 おじいさん (다른 사람의) 할아버지, 외할아버지

---

19 ★ ☐☐

そ ぼ
祖母

명 조모, 할머니

(祖母)は むかし、旅館で 働いて いた。

할머니는 옛날에 료칸(일본 전통 숙박시설)에서 일하셨다.

🟰 おばあさん (다른 사람의) 할머님, 외할머님

---

20 ★ ☐☐

ちちおや
父親

명 부친, 아버지

(父親)の 紹介で 新しい 教会に 行った。

아버지 소개로 새로운 교회에 갔다.

---

21 ☐☐

つま
妻

명 아내

こちらが (妻)の ゆりこです。

이쪽이 제 아내인 유리코입니다.

22
ははおや
母親
명 모친, 어머니

(母親)の 作った 料理が 一番 おいしい。
어머니가 만든 음식이 제일 맛있다.

23
むすこ
息子
명 아들

(息子)は 母に 似て 背が 高い。
아들은 엄마를 닮아 키가 크다.

24
むすめ
娘
명 딸

私には 2人の (娘)が います。
저에게는 두 딸이 있습니다.

25
りょうしん
両親
명 부모님

明日は (両親)が 結婚して 30年の 記念日だ。
내일은 부모님이 결혼하시고 30주년 되는 기념일이다.

26
あ
会う
동 만나다

お正月は 祖父の 家で 親戚に (会う)。
설날은 할아버지 댁에서 친척들을 만난다.

27
う
生まれる
동 태어나다

赤ちゃんが (生まれる)前に 名前を 考えている。
아기가 태어나기 전에 이름을 생각하고 있다.

28
こた
答える
동 대답하다

⑮ 子どもの 質問に ていねいに (答えた)。
아이의 질문에 정성껏 대답했다.
➕ 答え 대답

---

29 ★ ⑫ ☐☐

さわ
騒ぐ

동 떠들다

きんよう び　　さけ　の　　さわ　ひと　おお
金曜日は お酒を 飲んで (騒ぐ) 人が 多い。

금요일은 술을 마시고 떠드는 사람이 많다.

---

30 ★ ⑭⑪ ☐☐

しかる

동 혼내다

おとうと　　　　　　ちち
弟 を いじめて、父に (しかられた)。

남동생을 괴롭혀서 아버지께 혼났다.

➕ しかられる 혼나다

---

31 ☐☐

つれる

동 데리고 오(가)다

かれ　　　　　　　　　　いぬ
彼は いつも ペットの 犬を (つれて) くる。

그는 항상 애완견을 데리고 온다.

---

32 ★★★ ⑮⑫ ☐☐

に
似る

동 닮다

あね　はは　こえ　　　に
姉と 母の 声は よく (似て) いる。

누나랑 어머니 목소리는 아주 비슷하다.

---

33 ☐☐

むか
迎える

동 맞이하다

ゆうしょく　つく　　かぞく　むか　　　じゅん び
夕食を 作り、家族を (迎える) 準備を した。

저녁식사를 만들고, 가족을 맞이할 준비를 했다.

---

34 ☐☐

よ
呼ぶ

동 부르다

ともだち　な まえ　まちが　　　　よ
友達の 名前を 間違えて (呼んで) しまった。

친구 이름을 잘못 부르고 말았다.

---

35 ★ ☐☐

とくべつ
特別(な)

ナ 특별(한)

か ぞく　たんじょう び　　　とくべつ　　ひ
家族の 誕生日は、(特別な) 日だ。

가족의 생일은 특별한 날이다.

✏️ 실전모의고사로 실력을 한 번 더 확인하세요. www.sisabooks.com에서 다운가능!!!

1 해당 어휘의 음독을 찾고, 빈칸에 의미를 적으세요.

예	学生	✔️① がくせい	② がっせい	학생

1	答える	① つたえる	② こたえる	_____
2	祖父	① そふ	② そぼ	_____
3	呼ぶ	① はこぶ	② よぶ	_____
4	姉	① あね	② いもうと	_____
5	生まれる	① かまれる	② うまれる	_____

2 문맥에 맞는 단어를 골라, 알맞은 형태로 만드세요.　표제어 번호

6　弟を いじめて、父に (　　　　　　)。　**30**

7　私には 2人の (　　　　　　)が います。　**24**

8　(　　　　　　)は つかない 方が いい。　**05**

9　子どもの 質問に、ていねいに(　　　　　　)。　**28**

10　姉と 母の 声は よく (　　　　　　) いる。　**32**

うそ	答える	似る	娘	しかる

모양이 비슷해서 헷갈리는 한자!
쓰면서 확인하세요.

틀리기 쉬운 한자 - 모양 2

예					
鳥	鳥 ^{とり} ⑰	鳥 ^{とり}	鳥 ^{とり}	鳥 ^{とり}	鳥 ^{とり}
새 조	새	새	새	새	새
島	島 ^{しま}				
섬 도	섬				
注	注意 ^{ちゅう い}				
부을 주	주의				
住	住所 ^{じゅうしょ}				
살 주	주소				
雨	雨 ^{あめ}				
비 우	비				
雪	雪 ^{ゆき}				
눈 설	눈				
雲	雲 ^{くも}				
구름 운	구름				
雷	雷 ^{かみなり}				
우레 뢰	천둥, 벼락				
通	交通 ^{こうつう} ⑫ ⑰				
통할 통	교통				
道	道 ^{みち}				
길 도	길				

복습해 볼까요?

아래의 단어를 보고 읽는 법과 뜻을 적어 본 후 점선대로 접어서 답을 확인해 봅시다.
틀린 단어는 뒷 페이지 □에 V표시를 해 봅시다.

접는 선

단어	읽는 법과 뜻	
学生	がくせい	학생
家族		
関係		
弟		
夫		
姉		
似る		
答える		
騒ぐ		
迎える		
母親		
呼ぶ		
両親		
父親		
親		
妹		
自分		
祖母		
祖父		
生まれる		
特別(な)		
兄		
兄弟		

접으면 답을 확인할 수 있어요.

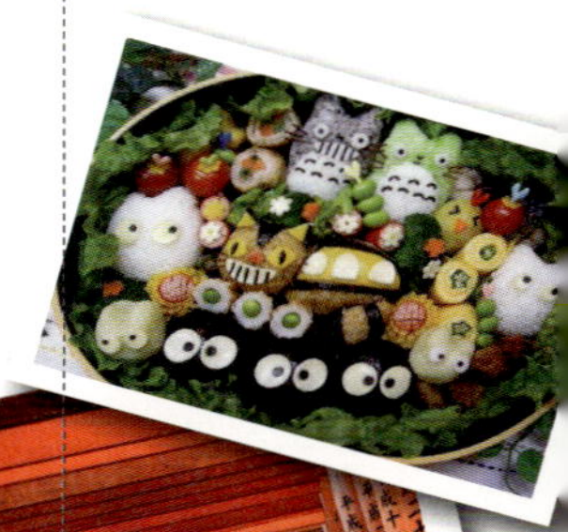

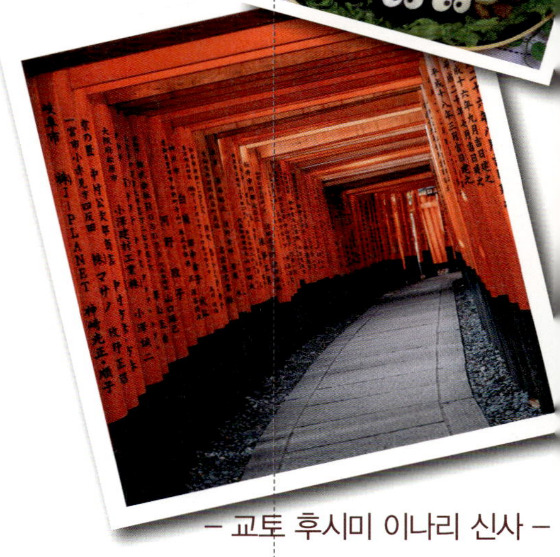

– 교토 후시미 이나리 신사 –

예처럼 빈칸을 채우면서 다시 한번 체크해 봅시다.

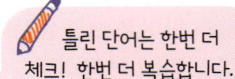

틀린 단어는 한번 더 체크! 한번 더 복습합니다.

읽는 법과 뜻

☐	がくせい 학생
☐	かぞく 가족
☐	かんけい 관계
☐	おとうと 남동생
☐	おっと 남편
☐	あね 누나, 언니
☐	にる 닮다
☐	こたえる 대답하다
☐	さわぐ 떠들다
☐	むかえる 맞이하다
☐	ははおや 모친, 어머니
☐	よぶ 부르다
☐	りょうしん 부모님
☐	ちちおや 부친, 아버지
☐	おや 어버이, 부모
☐	いもうと 여동생
☐	じぶん 자기, 자신
☐	そぼ 조모, 할머니
☐	そふ 조부, 할아버지
☐	うまれる 태어나다
☐	とくべつ(な) 특별(한)
☐	あに 형, 오빠
☐	きょうだい 형제

	한자	읽는 법	의미
예	学生	がくせい	학생
	家族		
	関係		
	弟		
	夫		
	姉		
	似る		
	答える		
	騒ぐ		
	迎える		
	母親		
	呼ぶ		
	両親		
	父親		
	親		
	妹		
	自分		
	祖母		
	祖父		
	生まれる		
	特別(な)		
	兄		
	兄弟		

DAY 03

DAY 03 mp3

기분

☐ 01 安心	☐ 02 感動	☐ 03 気分	☐ 04 気持ち
☐ 05 心	☐ 06 怒る	☐ 07 驚く	☐ 08 思う
☐ 09 考える	☐ 10 困る	☐ 11 泣く	☐ 12 喜ぶ
☐ 13 笑う	☐ 14 嬉しい	☐ 15 悲しい	☐ 16 暗い
☐ 17 怖い	☐ 18 さびしい	☐ 19 すごい	☐ 20 懐かしい
☐ 21 恥ずかしい	☐ 22 ひどい	☐ 23 ほしい	☐ 24 嫌(な)
☐ 25 嫌い(な)	☐ 26 結構(な)	☐ 27 残念(な)	☐ 28 心配(な)
☐ 29 好き(な)	☐ 30 大事(な)	☐ 31 大切(な)	☐ 32 どきどき
☐ 33 びっくり	☐ 34 気にする	☐ 35 気になる	

01 ★★★ ⑮⑫	
あんしん **安心** 명 する 안심	<ruby>私<rt>わたし</rt></ruby>の<ruby>町<rt>まち</rt></ruby>は (<ruby>安心<rt>あんしん</rt></ruby>) して <ruby>住<rt>す</rt></ruby>む ことが できる。 우리 동네는 안심하고 생활할 수 있다.

02	
かんどう **感動** 명 する 감동	オリンピックを <ruby>見<rt>み</rt></ruby>て、とても (<ruby>感動<rt>かんどう</rt></ruby>)した。 올림픽을 보고 매우 감동했다.

03 ★ ⑮	
き ぶん **気分** 명 기분(일정기간 내의 정신상 태나 건강상태)	<ruby>花見<rt>はなみ</rt></ruby>を して、(<ruby>気分<rt>きぶん</rt></ruby>)が よくなった。 꽃구경을 해서 기분이 좋아졌다.

04 ★ ⑬	
き も **気持ち** 명 기분, 감정(외적 요인에 의 한 신체적 감각)	<ruby>相手<rt>あいて</rt></ruby>の (<ruby>気持<rt>きも</rt></ruby>ち)を <ruby>考<rt>かんが</rt></ruby>えて みましょう。 상대의 기분을 생각해 봅시다. ここの マッサージは とても (<ruby>気持<rt>きも</rt></ruby>ち)が いい。 여기 마사지는 매우 기분이 좋다.

05	
こころ **心** 명 마음	<ruby>約束<rt>やくそく</rt></ruby>を <ruby>守<rt>まも</rt></ruby>れなくて、(<ruby>心<rt>こころ</rt></ruby>)が <ruby>痛<rt>いた</rt></ruby>い。 약속을 지킬 수 없어서 마음이 아프다.

06	
おこ **怒る** 동 화내다	<ruby>彼<rt>かれ</rt></ruby>は <ruby>気分<rt>きぶん</rt></ruby>が <ruby>悪<rt>わる</rt></ruby>いと すぐに (<ruby>怒<rt>おこ</rt></ruby>る)。 그는 기분이 나쁘면 금방 화낸다.

07 ★★ ⑬	
おどろ **驚く** 동 놀라다	<ruby>父<rt>ちち</rt></ruby>が <ruby>急<rt>きゅう</rt></ruby>に やせて (<ruby>驚<rt>おどろ</rt></ruby>いた)。 아버지가 갑자기 살이 빠져서 놀랐다.

| 08 おも 思う 동 생각하다 | しかるより ほめた 方が いいと (思う)。
혼내는 것보다 칭찬하는 것이 좋다고 생각한다. |

| 09 ★★ ⑬ かんが 考える 동 생각하다 | よく (考えて)から、返事を して ください。
잘 생각하고 나서 답해 주세요. |

| 10 ★★ こま 困る 동 곤란하다 | 無理に 頼まれて (困った)。
무리하게 부탁받아 곤란했다. |

| 11 ★ な 泣く 동 울다 | 悲しい 映画を 見ながら、(泣いて) しまった。
슬픈 영화를 보면서 울고 말았다. |

| 12 よろこ 喜ぶ 동 기뻐하다 | 妹 の 結婚を 家族 みんなが (喜んだ)。
여동생의 결혼을 가족 모두가 기뻐했다. |

| 13 わら 笑う 동 웃다 | 山田さんは、小さな ことでも よく (笑う) 人だ。
야마다 씨는 작은 일에도 잘 웃는 사람이다. |

| 14 うれ 嬉しい イ 기쁘다 | 友達から (嬉しい) ニュースを 聞いた。
친구한테서 기쁜 소식을 들었다. |

15 □□

かな
悲しい

[イ] 슬프다

祖母(そぼ)が 亡(な)くなった 時(とき)は、とても (悲(かな)しかった)。
할머니가 돌아가셨을 때는 정말 슬펐다.

---

16 ★★ ⑱⑭⑬⑫ □□

くら
暗い

[イ] 어둡다

仕事(しごと)で ミスを して 表情(ひょうじょう)が (暗(くら)く) なりました。
일로 실수해서 얼굴 표정이 어두워졌습니다.

夜(よる)の 道(みち)は (暗(くら)くて) 怖(こわ)い。
밤길은 어두워서 무섭다.

↔ 明(あか)るい 밝다

---

17 □□

こわ
怖い

[イ] 무섭다

(怖(こわ)い)映画(えいが)を見(み)て眠(ねむ)れなくなった。
무서운 영화를 봐서 잠을 잘 수 없게 되었다.

---

18 □□

さびしい

[イ] 쓸쓸하다, 적적하다

一人暮(ひとりぐ)らしを はじめた 時(とき)は (さびしかった)。
독립 생활을 시작했을 때는 외로웠다.

---

19 □□

すごい

[イ] 굉장하다

彼(かれ)の バイオリンの 実力(じつりょく)は (すごい)。
그의 바이올린 실력은 굉장하다.

---

20 ★ □□

なつ
懐かしい

[イ] 그립다

10年前(ねんまえ)の (懐(なつ)かしい) 写真(しゃしん)を 見(み)つけた。
10년 전의 그리운 사진을 발견했다.

---

21 □□

は
恥ずかしい

[イ] 부끄럽다

みんなの 前(まえ)で 歌(うた)うのは (恥(は)ずかしかった)。
모두의 앞에서 노래 부르는 것은 부끄러웠다.

22 ★ **ひどい** イ (몹시) 심하다, 형편없다	この 数学の 問題は (ひどく) 複雑だ。 이 수학 문제는 몹시 복잡하다.
23 ★ **ほしい** イ 갖고 싶다, 원하다	新しい ノートパソコンが (ほしい)。 새로운 노트북을 갖고 싶다.
24 いや **嫌(な)** ナ 싫은	友達に うそを つかれて、(嫌な) 気持ちに なった。 친구가 거짓말을 해서 기분이 나빴다.
25 きら **嫌い(な)** ナ 싫어하는	私の (嫌いな) 果物は ぶどうです。 제가 싫어하는 과일은 포도입니다.
26 ★ けっこう **結構(な)** ナ 괜찮(은) 부 꽤	会社では (結構な) 成績を 残した。 회사에서는 괜찮은 성적(업적)을 남겼다. 雨で (結構) 濡れて しまった。 비를 맞아 꽤 젖고 말았다.
27 ★★★ ⑮ ⑬ ざんねん **残念(な)** ナ 유감스러운	みんなに 会えなくて (残念だ)。 모두를 만날 수 없어서 유감이다.
28 しんぱい **心配(な)** ナ 걱정스러운	(心配な) ことが あれば、相談して ください。 걱정스러운 일이 있으면 상의해 주세요.

29
好き(な)
<ruby>好<rt>す</rt></ruby>き
ナ 좋아하는

<ruby>次<rt>つぎ</rt></ruby>は、<ruby>私<rt>わたし</rt></ruby>が (<ruby>好<rt>す</rt></ruby>きな) <ruby>数学<rt>すうがく</rt></ruby>の <ruby>授業<rt>じゅぎょう</rt></ruby>だ。
다음은 내가 좋아하는 수학 수업이다.

---

30 ★★　⑭
大事(な)
<ruby>大事<rt>だい じ</rt></ruby>
ナ (객관적으로) 중요한

<ruby>将来<rt>しょうらい</rt></ruby>に ついて <ruby>考<rt>かんが</rt></ruby>えるのは (<ruby>大事<rt>だい じ</rt></ruby>な) ことだ。
장래에 관해서 생각하는 것은 중요한 일이다.

---

31 ★★　⑭
大切(な)
<ruby>大切<rt>たいせつ</rt></ruby>
ナ (주관적으로) 소중한

これは <ruby>友達<rt>ともだち</rt></ruby>に もらった (<ruby>大切<rt>たいせつ</rt></ruby>な) <ruby>手紙<rt>て がみ</rt></ruby>です。
이것은 친구에게서 받은 소중한 편지입니다.

---

32 ★
どきどき
副 する 두근두근

<ruby>合格発表<rt>ごうかくはっぴょう</rt></ruby>を (どきどき)しながら <ruby>待<rt>ま</rt></ruby>った。
합격 발표를 두근두근 하면서 기다렸다.

33
びっくり
副 깜짝 놀람

<ruby>急<rt>きゅう</rt></ruby>に <ruby>部屋<rt>へ や</rt></ruby>が <ruby>揺<rt>ゆ</rt></ruby>れて (びっくり)した。
갑자기 방이 흔들려서 깜짝 놀랐다.

---

34 ★
気にする
<ruby>気<rt>き</rt></ruby>にする
관 신경 쓰다, 걱정하다

<ruby>以前<rt>い ぜん</rt></ruby>の ミスを <ruby>今<rt>いま</rt></ruby>も (<ruby>気<rt>き</rt></ruby>にして) いる。
예전 실수를 지금도 신경 쓰고 있다.

---

35 ★
気になる
<ruby>気<rt>き</rt></ruby>になる
관 신경 쓰이다, 걱정되다

<ruby>試験<rt>し けん</rt></ruby>の <ruby>結果<rt>けっ か</rt></ruby>が (<ruby>気<rt>き</rt></ruby>になる)。
시험 결과가 걱정된다.

실전모의고사로 실력을 한 번 더 확인하세요. www.sisabooks.com에서 다운가능!!!

1 해당 어휘의 음독을 찾고, 빈칸에 의미를 적으세요.

| 예 | 学生 | ✓① がくせい | ② がっせい | 학생 |

1	感動	① かんこう	② かんどう	_____
2	安心	① あんしん	② かんしん	_____
3	悲しい	① かなしい	② さびしい	_____
4	大切な	① だいじな	② たいせつな	_____
5	泣く	① なく	② かく	_____

2 문맥에 맞는 단어를 골라, 알맞은 형태로 만드세요. 표제어 번호

6 妹の 結婚を 家族 みんなが (　　　　　)。 `12`

7 合格発表を (　　　　　)しながら 待った。 `32`

8 みんなに 会えなくて (　　　　　)。 `27`

9 急に 部屋が 揺れて (　　　　　)した。 `33`

10 父が 急に やせて (　　　　　)。 `07`

驚く　　残念(な)　　びっくり　　喜ぶ　　どきどき

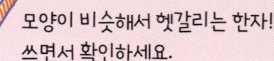

모양이 비슷해서 헷갈리는 한자!
쓰면서 확인하세요.

틀리기 쉬운 한자 - 모양 3

예 教	おし 教える ⑪	おし 教える	おし 教える	おし 教える	おし 教える
가르칠 교	가르치다	가르치다	가르치다	가르치다	가르치다
数	かぞ 数える				
셈 수	(수를) 세다				
集	あつ 集まる ⑫ ⑰				
모을 집	모이다				
準	じゅん び 準備				
준할 준	준비				
動	うご 動く ⑫				
움직일 동	움직이다				
働	はたら 働く				
굼닐 동	일하다				
勤	つと 勤める				
부지런할 근	근무하다				
開	ひら 開く ⑬				
열 개	(책을) 펼치다, 개최되다				
閉	し 閉まる				
닫을 폐	닫히다				
聞	き 聞く				
들을 문	듣다, 묻다				

복습해 볼까요?

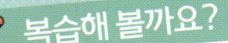

아래의 단어를 보고 읽는 법과 뜻을 적어 본 후 점선대로 접어서 답을 확인해 봅시다.
틀린 단어는 뒷 페이지 □에 V표시를 해 봅시다.

접는 선

접으면 답을 확인할 수 있어요.

단어	읽는 법과 뜻	
学生	がくせい	학생
感動		
心配(な)		
困る		
気分		
気持ち		
喜ぶ		
嬉しい		
驚く		
怖い		
恥ずかしい		
思う		
考える		
大事(な)		
悲しい		
嫌(な)		
安心		
暗い		
泣く		
笑う		
残念(な)		
大切(な)		
怒る		

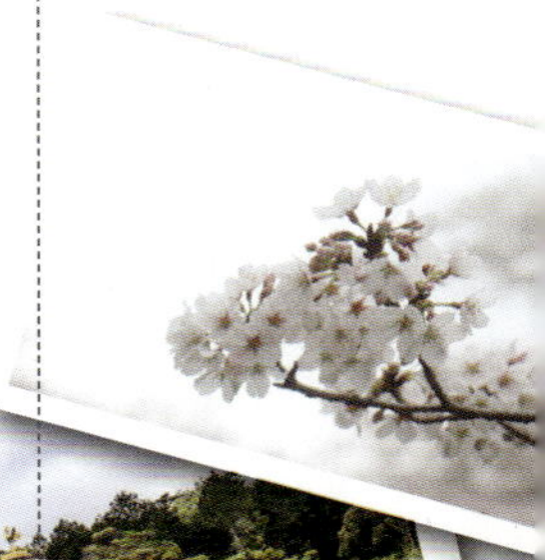

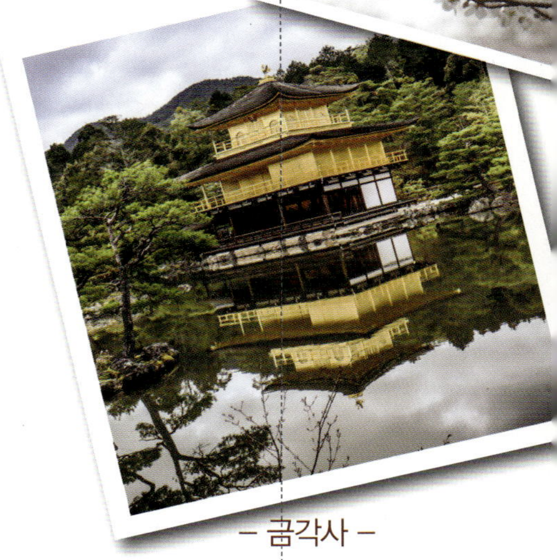

– 금각사 –

예처럼 빈칸을 채우면서 다시 한번
체크해 봅시다.

틀린 단어는 한번 더
체크! 한번 더 복습합니다.

읽는 법과 뜻				

	한자	읽는 법	의미
예	学生	がくせい	학생
	感動		
	心配(な)		
	困る		
	気分		
	気持ち		
	喜ぶ		
	嬉しい		
	驚く		
	怖い		
	恥ずかしい		
	思う		
	考える		
	大事(な)		
	悲しい		
	嫌(な)		
	安心		
	暗い		
	泣く		
	笑う		
	残念(な)		
	大切(な)		
	怒る		

읽는 법과 뜻:

- がくせい / 학생
- かんどう / 감동
- しんぱい(な) / 걱정스러운
- こまる / 곤란하다
- きぶん / 기분
- きもち / 기분, 감정
- よろこぶ / 기뻐하다
- うれしい / 기쁘다
- おどろく / 놀라다
- こわい / 무섭다
- はずかしい / 부끄럽다
- おもう / 생각하다
- かんがえる / 생각하다
- だいじ(な) / 소중한, 중요한
- かなしい / 슬프다
- いや(な) / 싫은
- あんしん / 안심
- くらい / 어둡다
- なく / 울다
- わらう / 웃다
- ざんねん(な) / 유감스러운
- たいせつ(な) / 중요한, 소중한
- おこる / 화내다

 # DAY 04

DAY 04 mp3

태도

☐ 01 確認	☐ 02 緊張	☐ 03 賛成	☐ 04 習慣
☐ 05 心配	☐ 06 タイプ	☐ 07 反対	☐ 08 謝る
☐ 09 思い出す	☐ 10 頑張る	☐ 11 楽しむ	☐ 12 明るい
☐ 13 うるさい	☐ 14 おかしい	☐ 15 大人しい	☐ 16 重い
☐ 17 厳しい	☐ 18 すばらしい	☐ 19 楽しい	☐ 20 優しい
☐ 21 よろしい	☐ 22 若い	☐ 23 悪い	☐ 24 静か(な)
☐ 25 失礼(な)	☐ 26 親切(な)	☐ 27 ソフト	☐ 28 大丈夫(な)
☐ 29 だめ(な)	☐ 30 丁寧(な)	☐ 31 熱心(な)	☐ 32 変(な)
☐ 33 真面目(な)	☐ 34 しっかり	☐ 35 特に	

DAY 04

01 ★

かくにん
確認
[명] [する] 확인

あした こうぎ じかん かくにん
明日の 講義の 時間を (確認)した。
내일 강의 시간을 확인했다.

02 ★

きんちょう
緊張
[명] [する] 긴장

きんちょう にほんご しけん う
(緊張)しながら 日本語の 試験を 受けた。
긴장하면서 일본어 시험을 봤다.

03 ★ [15]

さんせい
賛成
[명] [する] 찬성

ぼく かれ いけん さんせい
僕も 彼の 意見に (賛成)だ。
나도 그의 의견에 찬성이다.

04 ★ [13]

しゅうかん
習慣
[명] 습관

じゅぎょう まえ よしゅう しゅうかん
授業の 前に 予習を する (習慣)が ある。
수업 전에 예습을 하는 습관이 있다.

05

しんぱい
心配
[명] [する] 걱정

あね わたし しんぱい
姉は いつも 私の ことが (心配)だと いう。
언니는 항상 내가 걱정이라고 한다.

06

タイプ
[명] 타입

わたし まじめ
私は あまり 真面目な (タイプ)ではない。
나는 그다지 성실한 타입이 아니다.

07 ★ [13] [12]

はんたい
反対
[명] [する] 반대

わたし まんがか かぞく はんたい
私が 漫画家に なる ことを、家族は (反対)して いる。
내가 만화가가 되는 것을 가족은 반대하고 있다.

08 ★★★ ⑪ ⑩

あやま
謝る

[동] 사과하다

自分(じぶん)が 悪(わる)いと 思(おも)ったら、すぐに (謝(あやま)った) 方(ほう)が いい。
자신이 나쁘다고(잘못했다고) 생각되면 바로 사과하는 편이 좋다.

09

おも だ
思い出す

[동] 생각해 내다, 생각나다

この 曲(きょく)を 聞(き)くと、大学(だいがく)の 時(とき)を (思(おも)い出(だ)す)。
이 곡을 들으면 대학 때가 생각난다.

10

がん ば
頑張る

[동] 분발하다, 노력하다

試験(しけん)に 合格(ごうかく)するために 1年間(ねんかん) (頑張(がんば)りました)。
시험에 합격하기 위해서 1년간 노력했습니다.

11

たの
楽しむ

[동] 즐기다

仕事(しごと)も 遊(あそ)びも (楽(たの)しみ)たい。
일도 노는 것도 즐기고 싶다.

---

12 ⑫

あか
明るい

[イ] 밝다

うちの 娘(むすめ)は (明(あか)るくて) 元気(げんき)な 子(こ)だ。
우리 딸은 밝고 활발한 아이다.

13

うるさい

[イ] 시끄럽다

授業中(じゅぎょうちゅう) とても (うるさくて)、勉強(べんきょう)が できない。
수업 중 너무 시끄러워서 공부를 할 수가 없다.

14

おかしい

[イ] 이상하다, 우습다

隣(となり)の 人(ひと)たちの 様子(ようす)が (おかしい)。
이웃집 사람들의 모습이 이상하다.

15 ★★★ ⑬ ⑪ ⑩ □□

おとな
大人しい

[イ] 얌전하다

彼女(かのじょ)は (大人(おとな)しい) 性格(せいかく)で、自分(じぶん)の ことを あまり 話(はな)さない。
그녀는 얌전한 성격이어서 자신의 이야기를 별로 하지 않는다.

---

16 ★★ ⑭ ⑫ □□

おも
重い

[イ] 무겁다

地震(じしん)の 後(あと)、町(まち)は (重(おも)くて) 暗(くら)い 雰囲気(ふんいき)だった。
지진이 일어난 후, 마을은 무겁고 어두운 분위기였다.

---

17 ★★★ ⑮ ⑫ □□

きび
厳しい

[イ] 엄하다, 험하다

私(わたし)の 高校(こうこう)は 規則(きそく)の (厳(きび)しい) 学校(がっこう)だった。
내가 다닌 고등학교는 규칙이 엄한 학교였다.

---

18 □□

すばらしい

[イ] 멋지다

あの 博物館(はくぶつかん)には、(すばらしい) 作品(さくひん)が たくさん ある。
그 박물관에는 멋진 작품이 많이 있다.

---

19 ★ ⑭ □□

たの
楽しい

[イ] 즐겁다

旅行中(りょこうちゅう)は (楽(たの)しい) 時間(じかん)を 過(す)ごした。
여행 중에는 즐거운 시간을 보냈다.

---

20 ★ □□

やさ
優しい

[イ] 상냥하다, 마음씨가 곱다

父(ちち)は 厳(きび)しい 時(とき)も あるが (優(やさ)しい) 人(ひと)だ。
아버지는 엄하실 때도 있지만 온화한 사람이다.

---

21 □□

よろしい

[イ] 좋다, 괜찮다
(「よい」의 공손한 표현)

先生(せんせい)が (よろしければ)、10時(じ)に 伺(うかが)います。
선생님이 괜찮으시면 10시에 찾아뵙겠습니다.

22 ★

わか
若い

[イ] 젊다

姉(あね)は 私(わたし)より (若(わか)く) 見(み)える。

언니는 나보다 젊어 보인다.

[+] 苦(にが)い 쓰다 苦(くる)しい 괴롭다

23

わる
悪い

[イ] 나쁘다

夜遅(よるおそ)く 寝(ね)るのは (悪(わる)い) 習慣(しゅうかん)だ。

밤 늦게 자는 것은 나쁜 습관이다.

---

24 ★★ ⑫

しず
静か(な)

[ナ] 조용한, 평온한

図書館(としょかん)は (静(しず)かで) 勉強(べんきょう)しやすい。

도서관은 조용해서 공부하기 좋다.

25

しつれい
失礼(な)

[ナ] 무례(한), 예의없는

[명] [する] 실례

お客(きゃく)さんに 対(たい)して (失礼(しつれい)な) 態度(たいど)を とった。

손님께 무례한 태도를 취했다.

---

26 ★ ⑪

しんせつ
親切(な)

[ナ] 친절한

優(やさ)しくて (親切(しんせつ)な) 人(ひと)に なりたい。

상냥하고 친절한 사람이 되고 싶다.

27

ソフト(な)

[ナ] 소프트, 부드러운

(ソフトな) タイプの 男性(だんせい)が 女性(じょせい)に 人気(にんき)だ。

부드러운 타입의 남자가 여성에게 인기다.

28

だいじょうぶ
大丈夫(な)

[ナ] 괜찮은, 걱정 없는

しっかり 復習(ふくしゅう)すれば、試験(しけん)も (大丈夫(だいじょうぶ)だ)。

확실히 복습하면 시험도 걱정 없다.

29

だめ(な)
ナ 좋지 않은, 소용없는, 나쁜

努力しても結果が (だめなら) しかたがない。
노력해도 결과가 좋지 않다면 어쩔 수 없다.

➕ むだ(な) 보람없는, 쓸데없는, 헛된

---

30 ★★ ⑭ ⑪

**ていねい
丁寧(な)**
ナ 정중(한)

斉藤さんの 話し方は (丁寧で)、わかりやすい。
사이토씨의 말투는 정중하고 이해하기 쉽다.

31

**ねっしん
熱心(な)**
ナ 열심(인)

彼女は (熱心に) 虫の 研究を して いる。
그녀는 열심히 벌레 연구를 하고 있다.

32

**へん
変(な)**
ナ 이상한, 우스운

自分で 前髪を 切ったら、(変な) 髪型になった。
직접 앞머리를 잘랐더니 이상한 머리모양이 되었다.

---

33 ★ ⑬ ⑪

**まじめ
真面目(な)**
ナ 성실한

山田さんは、一度も 学校を 休んだ ことが ない
(真面目な) 学生だ。
야마다 씨는 한 번도 학교를 쉰(결석한) 적이 없는 성실한 학생이다.

34

しっかり
부 제대로

入院中は (しっかり) 休んで ください。
입원 중에는 제대로 쉬어 주세요.

---

35 ★ ⑩

**とく
特に**
부 특히

地下鉄は (特に) 乗り換えが むずかしい。
지하철은 특히 환승이 어렵다.

실전모의고사로 실력을 한 번 더 확인하세요. www.sisabooks.com에서 다운가능!!!

1 해당 어휘의 음독을 찾고, 빈칸에 의미를 적으세요.

예	学生	✓① がくせい	② がっせい	학생

1	重い	① かるい	② おもい	_____
2	反対	① はんたい	② はんだい	_____
3	親切	① しんせつ	② ちんせつ	_____
4	大人しい	① すばらしい	② おとなしい	_____
5	若い	① わかい	② にがい	_____

2 문맥에 맞는 단어를 골라, 알맞은 형태로 만드세요. 표제어 번호

6　隣の 人たちの 様子が (　　　　　)。 `14`

7　斉藤さんの 話し方は (　　　　　)、わかりやすい。 `30`

8　自分が 悪いと 思ったら、すぐに (　　　　　) 方が いい。 `08`

9　山田さんは、一度も 学校を 休んだ ことが ない (　　　　　) 学生 だ。 `33`

10　私の 高校は 規則の(　　　　　) 学校だった。 `17`

真面目(な)	おかしい	丁寧(な)	謝る	厳しい

답

1 ② 무겁다　2 ① 반대　3 ① 친절한　4 ② 얌전하다　5 ① 젊다
6 おかしい　7 丁寧で　8 謝った　9 真面目な　10 厳しい

고득점 어휘

모양이 비슷해서 헷갈리는 한자! 쓰면서 확인하세요.

틀리기 쉬운 한자 - 모양 4

[예] 紙	紙(かみ) ⑫ ⑱	紙(かみ)	紙(かみ)	紙(かみ)	紙(かみ)
종이 지	종이	종이	종이	종이	종이
続	続(つづ)く				
이을 속	계속되다				
薬	薬(くすり)				
약 약	약				
楽	楽(たの)しい ⑬				
즐거울 락	즐겁다				
菜	野菜(やさい) ⑬				
나물 채	채소				
果	果物(くだもの)				
열매 과	과일				
菓	お菓子(かし)				
과자 과	과자				
生	生(う)まれる				
날 생	태어나다				
性	男性(だんせい) ⑬				
성품 성	남성				
姓	姓(せい)				
성씨 성	성, 성씨				

아래의 단어를 보고 읽는 법과 뜻을 적어 본 후 점선대로 접어서 답을 확인해 봅시다.
틀린 단어는 뒷 페이지 ☐ 에 V표시를 해 봅시다.

접는 선

✏️ 접으면 답을
확인할 수 있어요.

단어	읽는 법과 뜻	
学生	がくせい	학생
心配		
大丈夫(な)		
悪い		
重い		
失礼(な)		
反対		
明るい		
謝る		
優しい		
真面目(な)		
習慣		
大人しい		
厳しい		
変(な)		
若い		
丁寧(な)		
静か(な)		
楽しい		
楽しむ		
親切(な)		
特に		
確認		

— 히로시마성 —

예처럼 빈칸을 채우면서 다시 한번
체크해 봅시다.

틀린 단어는 한번 더
체크! 한번 더 복습합니다.

읽는 법과 뜻

☐	がくせい 학생
☐	しんぱい 걱정
☐	だいじょうぶ (な) 괜찮은
☐	わるい 나쁘다
☐	おもい 무겁다
☐	しつれい(な) 무례(한)
☐	はんたい 반대
☐	あかるい 밝다
☐	あやまる 사과하다
☐	やさしい 상냥하다
☐	まじめ(な) 성실한
☐	しゅうかん 습관
☐	おとなしい 얌전하다
☐	きびしい 엄하다, 험하다
☐	へん(な) 이상한, 우스운
☐	わかい 젊다
☐	ていねい(な) 정중(한)
☐	しずか(な) 조용한, 평온한
☐	たのしい 즐겁다
☐	たのしむ 즐기다
☐	しんせつ(な) 친절한
☐	とくに 특히
☐	かくにん 확인

한자	읽는 법	의미
예 学生	がくせい	학생
心配		
大丈夫(な)		
悪い		
重い		
失礼(な)		
反対		
明るい		
謝る		
優しい		
真面目(な)		
習慣		
大人しい		
厳しい		
変(な)		
若い		
丁寧(な)		
静か(な)		
楽しい		
楽しむ		
親切(な)		
特に		
確認		

DAY 05

DAY 05 mp3

디자인과 패션

☐ 01 アクセサリー	☐ 02 色	☐ 03 上着
☐ 04 形	☐ 05 格好	☐ 06 サイズ	☐ 07 サンダル
☐ 08 下着	☐ 09 試着	☐ 10 スーツ	☐ 11 セーター
☐ 12 茶色	☐ 13 手袋	☐ 14 時計	☐ 15 服
☐ 16 ボタン	☐ 17 めん	☐ 18 指輪	☐ 19 洋服
☐ 20 ワイシャツ	☐ 21 合う	☐ 22 飾る	☐ 23 着る
☐ 24 つく	☐ 25 とれる	☐ 26 似合う	☐ 27 履く
☐ 28 外す	☐ 29 かぶる	☐ 30 変える	☐ 31 変わる
☐ 32 青い	☐ 33 赤い	☐ 34 厚い	☐ 35 黒い
☐ 36 小さい	☐ 37 太い	☐ 38 古い	☐ 39 細い
☐ 40 短い	☐ 41 同じ	☐ 42 きれい(な)	

01 アクセサリー
명 액세서리

パーティーに 来る 人は (アクセサリー)を つけた 女性が 多い。
파티에 오는 사람은 액세서리를 한 여성이 많다.

02 色 いろ
명 색, 색깔

天気が 悪い 日には 明るい (色)の 服が いい。
날씨가 궂은 날에는 밝은 색깔의 옷이 좋다.
➕ 三色 삼색

03 上着 うわぎ
명 겉옷

少し 寒いから (上着)を 着て 行って ください。
좀 추우니 겉옷을 입고 나가세요.

04 形 かたち
명 형태, 모양

ぼうしの (形)が 変わって いますね。
모자의 형태가 특이하네요.

05 格好 かっこう
명 모습, 모양, 꼴

カジュアルな (格好)で 会議に 出ては いけません。
캐주얼한 모습으로 회의에 참석하면 안 됩니다.

06 サイズ
명 사이즈

もう少し 大きい (サイズ)の シャツは ありませんか。
좀 더 큰 사이즈의 셔츠는 없어요?

07 サンダル
명 샌들

海に 行く 時は (サンダル)を はいた 方が いいです。
바다에 갈 때는 샌들을 신고 가는 편이 좋아요.

08 ☐☐
したぎ
下着
명 속옷

最近の (下着)は 軽くて 小さい ものが 流行している。
요즘 속옷은 가볍고 작은 것이 유행하고 있다.

---

09 ☐☐
しちゃく
試着
명 する (옷이 맞는지) 입어 봄

大きさが わからないから (試着)して みます。
사이즈를 모르니까 입어 보겠습니다.
➕ 試着室 탈의실

---

10 ☐☐
スーツ
명 슈트, 양복

就職したので 父が 新しい (スーツ)を 買って くれました。
취직해서 아버지가 새 양복을 사 주었습니다.

---

11 ☐☐
セーター
명 스웨터

ウールで 編んだ (セーター)は 水洗いできません。
털실로 짠 스웨터는 물빨래를 못합니다.

---

12 ★ ☐☐
ちゃいろ
茶色
명 갈색

会社では (茶色)の 封筒を よく 使う。
회사에서는 갈색 봉투를 자주 사용한다.

---

13 ★ ☐☐
てぶくろ
手袋
명 장갑

結婚式では 二人が 白い (手袋)を はめて 入場する。
결혼식에서는 두 사람이 하얀 장갑을 끼고 입장한다.

---

14 ☐☐
とけい
時計
명 시계

高校に 入学した 時、父に (時計)を 買って もらいました。
고등학교에 입학했을 때 아버지가 시계를 사 주었습니다.
➕ 腕時計 손목시계

15 ★
ふく
服
명 옷

季節に よって 違う (服)を 選ぶのは たいへんです。
계절마다 다른 옷을 고르는 것은 힘듭니다.

16
ボタン
명 버튼, 단추

制服の いちばん 下の (ボタン)が なくなりました。
교복의 맨 밑 단추가 없어졌습니다.

17
めん
명 면 (무명실)

Tシャツは (めん)で 作った ものが 着やすい。
티셔츠는 면으로 만든 것이 입기 편하다.

➕ きぬ 실크, 비단

18
ゆび わ
指輪
명 반지

結婚している 人は 左手の 薬指に (指輪)を します。
결혼한 사람은 왼손 약지에 반지를 낍니다.

19
ようふく
洋服
명 양복

きものより (洋服)の 方が 簡単に 着られる。
기모노보다 양복을 더 쉽게 입을 수 있다.

20
ワイシャツ
명 와이셔츠

夏は 半袖の (ワイシャツ)を 着て 仕事を します。
여름에는 반팔 와이셔츠를 입고 일합니다.

21
あ
合う
동 맞다, 어울리다

新しい シャツに (合う) ネクタイを 選びました。
새로운 셔츠에 맞는 넥타이를 골랐습니다.

---

22 ★ ⑪ ☐☐

かざ
飾る

동 장식하다

へや　なか　　　　　　　　　　　　　　　かざ
部屋の 中に クリスマスツリーを (飾りました)。

방 안에 크리스마스 트리를 장식했습니다.

---

23 ★ ☐☐

き
着る

동 입다

さむ　とき　ふく　うえ　　　　　　き　　で
寒い 時は 服の 上に コートを (着て) 出かけます。

날씨가 추울 때는 옷 위에 코트를 입고 나갑니다.

➕ 着く 도착하다
　つ

---

24 ☐☐

つく

동 붙다

みち　ある　　　　　とき　　　　　そこ
道を 歩いて いる 時、くつの 底に ガムが (ついた)。

길을 걸어가고 있을 때 구두 바닥에 껌이 붙었다.

---

25 ☐☐

とれる

동 떨어지다

りょうり　　　　　　とき　　　　　　と　て
料理を して いる 時、なべの 取っ手が (とれた)。

요리를 하고 있을 때 냄비 손잡이가 떨어졌다.

---

26 ★★★ ⑬⑩ ☐☐

に　あ
似合う

동 어울리다

ひと　なに　き　　　　　　に　あ
スリムな 人は 何を 着ても よく(似合う)。

날씬한 사람은 무엇을 입어도 잘 어울린다.

---

27 ★ ☐☐

は
履く

동 신다. (스커트, 바지 등을)
입다

りょこう　とき　ある　　　　つか　　　　　　　　は
旅行する 時は 歩いても 疲れない くつを (履きましょ
う)。

여행갈 때는 걸어도 피로하지 않는 신발을 신읍시다.

---

28 ☐☐

はず
外す

동 떼어내다, 벗기다, 끄르다,
풀다

とけい　　　　　　　　　　　はず
時計や ネックレスは (外して) ください。

시계나 목걸이는 풀어 주세요.

29

かぶる

[동] (모자를) 쓰다

暑(あつ)い 日(ひ)に 外出(がいしゅつ)する 時(とき)は ぼうしを (かぶった) 方(ほう)が いい。

더운 날에 외출할 때는 모자를 쓰는 것이 좋다.

30

変(か)える

[동] 바꾸다

色(いろ)は 同(おな)じでも デザインを (変(か)える)と 若(わか)く 見(み)えます。

색은 같아도 디자인을 바꾸면 젊어 보입니다.

31

変(か)わる

[동] 변하다

髪(かみ)の毛(け)を 切(き)ったら イメージが (変(か)わりました)。

머리를 잘랐더니 이미지가 변했습니다.

---

32 ★ ⑪

青(あお)い

[イ] 파랗다

今日(きょう)は (青(あお)い) ワンピースを 着(き)て 行(い)った。

오늘은 파란 원피스를 입고 갔다.

---

33 ★ ⑬

赤(あか)い

[イ] 빨갛다

グループの 人(ひと)は みんな (赤(あか)い) リボンを 胸(むね)に つけた。

그룹 사람들은 모두 빨간 리본을 가슴에 달았다.

---

34 ★

厚(あつ)い

[イ] 두껍다

底(そこ)が (厚(あつ)い) くつを 履(は)いたので 背(せ)が 高(たか)く 見(み)える。

바닥이 두꺼운 구두를 신었기 때문에 키가 커 보인다.

---

35 ★ ⑮

黒(くろ)い

[イ] 검다

(黒(くろ)い) 服(ふく)は 入学式(にゅうがくしき)や 卒業式(そつぎょうしき)でも よく 着(き)る。

검은 옷은 입학식과 졸업식에서도 자주 입는다.

36	
ちい **小さい** イ 작다	子どもの 服が (小さく)なったので 他の 人に あげました。 아이의 옷이 작아져서 다른 사람에게 주었습니다. ⟷ 大きい 크다

37 ★	
ふと **太い** イ 굵다	シャツの 背中に (太い) 文字で 学校の 名前を 書きました。 셔츠 등에 굵은 글자로 학교 이름을 썼습니다.

38	
ふる **古い** イ 오래되다	ズボンの 先が 広い パンタロンは もう (古い) スタイルです。 바지 끝이 넓은 판타롱은 이제 옛날 스타일입니다.

39 ★	
ほそ **細い** イ 가늘다, 폭이 좁다	足が (細い) ジーンズを はくのが 今年の 流行です。 다리가 가는 청바지를 입는 것이 올해 유행입니다.

40	
みじか **短い** イ 짧다	冬でも(短い)スカートを はく 女性は 寒くないでしょうか。 겨울에도 짧은 치마를 입는 여성은 춥지 않을까요?

41	
おな **同じ** ナ 같음	成人式で 女性が みんな (同じ) 着物を 着るのは おもしろい。 성인식 때 여성들이 모두 같은 기모노를 입는 것이 재미있다. ➕ 同じ会社 같은 회사

42	
きれい(な) ナ 깨끗한, 예쁜	机の 上に (きれいな) 花が おいて ある。 책상 위에 예쁜 꽃이 놓여 있다.

실전모의고사로 실력을 한 번 더
확인하세요. www.sisabooks.com에서
다운가능!!!

1 해당 어휘의 음독을 찾고, 빈칸에 의미를 적으세요.

예	学生	✓①がくせい	②がっせい	학생

1	赤い	① あおい	② あかい	
2	着る	① きる	② かざる	
3	細い	① こまかい	② ほそい	
4	茶色	① ちゃいろ	② こんいろ	
5	太い	① ほそい	② ふとい	

2 문맥에 맞는 단어를 골라, 알맞은 형태로 만드세요. 표제어 번호

6 部屋の 中に クリスマスツリーを (　　　　)。 22

7 旅行する ときは 歩いても 疲れない くつを(　　　　)。 27

8 机の 上に(　　　　)花が おいて ある。 42

9 冬でも(　　　　)スカートを はく 女性は 寒くないでしょう
か。 40

10 スリムな 人は 何を 着ても よく(　　　　)。 26

似合う 飾る きれいだ 履く 短い

고득점 어휘

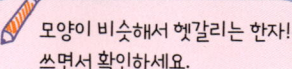

모양이 비슷해서 헷갈리는 한자!
쓰면서 확인하세요.

틀리기 쉬운 한자 - 모양 5

[예] 軽	軽い(かる) ⑫ ⑭ ⑰	軽い(かる)	軽い(かる)	軽い(かる)	軽い(かる)
가벼울 경	가볍다	가볍다	가볍다	가볍다	가볍다
転	運転(うんてん) ⑬				
구를 전	운전				
送	送る(おく) ⑩ ⑪ ⑬ ⑭				
보낼 송	보내다				
速	速い(はや)				
빠를 속	(속도가) 빠르다				
映	映画(えいが) ⑭				
비칠 영	영화				
英	英語(えいご)				
꽃부리 영	영어				
屋	本屋(ほんや) ⑭				
집 옥	서점, 책방				
室	教室(きょうしつ)				
집 실	교실				
糸	糸(いと)				
실 사	실				
係	係(かかり) ⑭				
맬 계	담당 직원				

ます형에 접속하는 문형

たい / たがる	~하고 싶다 / ~하고 싶어하다 早_{はや}く 日本_{にほん}に 行_いって 友達_{ともだち}に 会_あいたいです。 빨리 일본에 가서 친구를 만나고 싶습니다.
だす	~하기 시작하다 急_{きゅう}に 雨_{あめ}が 降_ふりだしました。 갑자기 비가 내리기 시작했습니다.
はじめる	~하기 시작하다 日本語_{にほんご}は 1年前_{ねんまえ}から 習_{なら}いはじめました。 일본어는 1년 전부터 배우기 시작했습니다.
おわる	다 ~하다 この 本_{ほん}は もう 読_よみおわりましたか。 이 책은 벌써 다 읽었습니까?
なさい	~하시오, ~하세요 親_{おや}の 言_いう ことを 聞_ききなさい。 부모님 말씀 잘 들어라.
にくい	~하기 어렵다, ~하기 불편하다 この 本_{ほん}は 字_じが 小_{ちい}さくて 読_よみにくいです。 이 책은 글자가 작아서 읽기 힘듭니다.
やすい	~하기 쉽다, ~하기 편하다, ~하기 좋다 あの 先生_{せんせい}は ゆっくり 話_{はな}して くれるから 分_わかりやすいです。 저 선생님은 천천히 말해주기 때문에 이해하기 쉽습니다.
方_{かた}	~하는 방법 この パソコンの 使_{つか}い方_{かた}を 教_{おし}えて ください。 이 노트북의 사용법을 알려주세요.
ながら	~하면서 音楽_{おんがく}を 聞_ききながら 運転_{うんてん}を して います。 음악을 들으면서 운전을 하고 있습니다.

아래의 단어를 보고 읽는 법과 뜻을 적어 본 후 점선대로 접어서 답을 확인해 봅시다.
틀린 단어는 뒷 페이지 □에 V표시를 해 봅시다.

접는 선

단어	읽는 법과 뜻	
学生	がくせい	학생
細い		
茶色		
黒い		
太い		
厚い		
外す		
合う		
変える		
赤い		
色		
時計		
履く		
洋服		
似合う		
服		
着る		
小さい		
手袋		
飾る		
短い		
青い		
形		

접으면 답을
확인할 수 있어요.

– 도쿄 가부키 극장 –

예처럼 빈칸을 채우면서 다시 한번
체크해 봅시다.

틀린 단어는 한번 더
체크! 한번 더 복습합니다.

읽는 법과 뜻		한자	읽는 법	의미
☐	がくせい 학생	**예** 学生	がくせい	학생
☐	ほそい 가늘다, 좁다	細い		
☐	ちゃいろ 갈색	茶色		
☐	くろい 검다	黒い		
☐	ふとい 굵다	太い		
☐	あつい 두껍다	厚い		
☐	はずす 떼어내다, 벗기다	外す		
☐	あう 맞다, 어울리다	合う		
☐	かえる 바꾸다	変える		
☐	あかい 빨갛다	赤い		
☐	いろ 색, 색깔	色		
☐	とけい 시계	時計		
☐	はく 신다, 입다	履く		
☐	ようふく 양복	洋服		
☐	にあう 어울리다	似合う		
☐	ふく 옷	服		
☐	きる 입다	着る		
☐	ちいさい 작다	小さい		
☐	てぶくろ 장갑	手袋		
☐	かざる 장식하다	飾る		
☐	みじかい 짧다	短い		
☐	あおい 파랗다	青い		
☐	かたち 형태, 모양	形		

DAY

DAY 06 mp3

일상생활(1) -매일-

☐ 01 アイロン	☐ 02 糸	☐ 03 犬	☐ 04 贈り物
☐ 05 おもちゃ	☐ 06 カーテン	☐ 07 ガラス	☐ 08 カレンダー
☐ 09 缶	☐ 10 毛	☐ 11 化粧	☐ 12 ごみ
☐ 13 支度	☐ 14 生活	☐ 15 ソファ	☐ 16 タオル
☐ 17 電池	☐ 18 人形	☐ 19 寝坊	☐ 20 パーティー
☐ 21 びん	☐ 22 普通	☐ 23 ふとん	☐ 24 リモコン
☐ 25 遊ぶ	☐ 26 起きる	☐ 27 起こす	☐ 28 飼う
☐ 29 出かける	☐ 30 出る	☐ 31 とめる	☐ 32 脱ぐ
☐ 33 やる	☐ 34 汚す	☐ 35 汚れる	

01 ★ ☐☐

アイロン

명 다리미

ワイシャツに (アイロン)を かけた。
와이셔츠를 다렸다.

➕ アイロンを かける 다림질하다

---

02 ★ ☐☐

いと
糸

명 실

服から 出て いる (糸)を 切った。
옷에서 삐져나와 있는 실을 끊었다.

---

03 ☐☐

いぬ
犬

명 개

朝は (犬)の 散歩を して いる 人が 多い。
아침엔 강아지 산책을 시키는 사람이 많다.

---

04 ☐☐

おく　もの
贈り物

명 선물

娘は クリスマスの (贈り物)を 開けて 喜んだ。
딸은 크리스마스 선물을 열어보고 기뻐했다.

🟰 プレゼント 선물

---

05 ☐☐

おもちゃ

명 장난감

これは 小さい頃、 好きだった (おもちゃ)です。
이것은 어릴 때 좋아했던 장난감입니다.

---

06 ☐☐

カーテン

명 커튼

部屋の インテリアに 合う (カーテン)が ほしいです。
방의 인테리어에 맞는 커튼을 원해요.

---

07 ☐☐

ガラス

명 유리

(ガラス)の コップを 割って しまった。
유리컵을 깨버렸다.

---

08 **カレンダー** 명 달력, 캘린더	(カレンダー)に 来月の 予定を 書いた。 달력에 다음 달 스케줄을 적었다.
09 かん **缶** 명 캔	(缶)に 入った 食品は 保存期間が 長い。 캔에 든 식품은 보존기간이 길다.
10 け **毛** 명 털, 머리카락	この 時期は、猫の (毛)が よく 抜ける。 이 시기에는 고양이 털이 잘 빠진다.
11 け しょう **化粧** 명 する 화장	姉は 家に 帰ると すぐに (化粧)を 落とす。 언니는 집에 돌아오면 바로 화장을 지운다.
12 **ごみ** 명 쓰레기	(ごみ)の 分別を しっかり しましょう。 쓰레기 분리수거를 철저히 합시다. ➕ ごみ箱 쓰레기통
13 ★ し たく **支度** 명 する 준비, 채비	母は 夕食の (支度)を してから 出かけた。 엄마는 저녁식사 준비를 하고 나서 외출했다. ➕ 準備 준비
14 ★ せいかつ **生活** 명 する 생활	まだ 外国での (生活)に 慣れない。 아직 외국 생활에 익숙하지 않다.

15
ソファ
[명] 소파

(ソファ)に座(すわ)って テレビを 見(み)ている。
소파에 앉아 텔레비전을 보고있다.

16
タオル
[명] 타월

濡(ぬ)れた (タオル)を 乾(かわ)かす。
젖은 수건을 말린다.

17 ★
電池(でんち)
[명] 전지, 배터리

この 時計(とけい)は (電池(でんち))で 動(うご)いて いる。
이 시계는 건전지로 움직이고 있다.

18 ★
人形(にんぎょう)
[명] 인형

子(こ)どもの 頃(ころ)は よく (人形(にんぎょう))で 遊(あそ)んだ。
어릴 때는 자주 인형으로 놀았다.

19 ★★ ⑭ ⑬ ⑪
寝坊(ねぼう)
[명] [する] 늦잠

今日(きょう)は (寝坊(ねぼう))して 約束(やくそく)の 時間(じかん)に 遅(おく)れた。
오늘은 늦잠을 자서 약속시간에 늦었다.
[=] 朝寝坊(あさねぼう) 늦잠을 잠, 늦잠꾸러기

20
パーティー
[명] 파티

引(ひ)っ越(こ)し (パーティー)に 友達(ともだち)を 招待(しょうたい)した。
집들이 파티에 친구를 초대했다.

21
びん
[명] 병

(びん)は リサイクルのため 回収(かいしゅう)される。
병은 재활용을 위해 회수된다.

22

ふ つう
普通

명 보통
부 보통, 일반적으로

わたし ふ つう こうこう のうぎょうこうこう い
私は (普通)の 高校ではなく、農業高校に 行きたい。
나는 일반 고등학교가 아니라 농업 고등학교에 가고 싶다.

23

ふとん

명 이불

ふゆ あさ なか で
冬の 朝は (ふとん)の 中から 出たく ない。
겨울 아침은 이불 속에서 나오고 싶지 않다.

➕ まくら 베개

24

リモコン

명 리모컨

テレビの (リモコン)が どこに あるのか わからない。
텔레비전 리모컨이 어디 있는지 모르겠다.

---

25 ★

あそ
遊ぶ

동 놀다

いっしょ あそ やくそく
ケンくんと 一緒に (遊ぶ) 約束を した。
켄 군과 함께 놀 약속을 했다.

---

26 ★★ ⑬ ⑩

お
起きる

동 일어나다

め ざ おと いそ お
目覚ましの 音で 急いで (起きた)。
알람시계 소리에 서둘러 일어났다.

27

お
起こす

동 일으키다, 깨우다

まいあさ おな じかん こ お はん た
毎朝 同じ 時間に 子どもを (起こし)、ご飯を 食べさ
せる。
매일 아침 같은 시간에 아이를 깨워 밥을 먹인다.

---

28 ★

か
飼う

동 기르다, 사육하다

か ひと ふ
ペットを (飼う) 人が 増えて いる。
애완동물을 키우는 사람이 늘고 있다.

29

出(で)かける

[동] 외출하다

土曜日(どようび)は 友人(ゆうじん)と (出(で)かける) 予定(よてい)だ。

토요일은 친구와 외출할 예정이다.

30

出(で)る

[동] 나오다

起(お)きてから 家(いえ)を (出(で)る)までに 1時間(じかん)は かかる。

일어나서 집을 나갈 때까지 1시간은 걸린다.

[타] 出(だ)す 내놓다, 제출하다

31

とめる

[동] 잠그다, 끊다

料理(りょうり)が できたら 火(ひ)を (とめる)。

음식이 다 되면 불을 끈다.

---

32 ★

脱(ぬ)ぐ

[동] 벗다

靴(くつ)を (脱(ぬ)いで) スリッパを はいて ください。

신발을 벗고 슬리퍼를 신으세요.

33

やる

[동] 주다, 하다

植物(しょくぶつ)に 水(みず)を (やる)。

식물에 물을 준다.

遊(あそ)ぶのは 宿題(しゅくだい)を (やって)からに しましょう。

노는 것은 숙제를 하고 나서로 합시다.

---

34 ★

汚(よご)す

[동] 더럽히다

母(はは)は 机(つくえ)の 上(うえ)を (汚(よご)す)と 怒(おこ)る。

엄마는 책상 위를 더럽히면 화내신다.

---

35 ★★ ⑭ ⑫

汚(よご)れる

[동] 때 묻다, 더러워지다

外(そと)で 遊(あそ)んで 服(ふく)が (汚(よご)れて)しまった。

밖에서 놀아 옷이 더러워지고 말았다.

실전모의고사로 실력을 한 번 더 확인하세요. www.sisabooks.com에서 다운가능!!!

1 해당 어휘의 음독을 찾고, 빈칸에 의미를 적으세요.

| 예 | 学生 | ☑ がくせい | ② がっせい | 학 생 |

1 生活 　 ① しょうかつ 　② せいかつ 　_____

2 汚れる 　① よごれる 　　② とれる 　_____

3 糸 　　　① いと 　　　　② いぬ 　_____

4 脱ぐ 　　① かぐ 　　　　② ぬぐ 　_____

5 遊ぶ 　　① あそぶ 　　　② はこぶ 　_____

2 문맥에 맞는 단어를 골라, 알맞은 형태로 만드세요. 　표제어 번호

6 母は 夕食の (　　　　　)を してから 出かけた。 **13**

7 ペットを (　　　　　) 人が 増えて いる。 **28**

8 靴を (　　　　) スリッパを はいて ください。 **32**

9 料理が できたら 火を (　　　　　)。 **31**

10 今日は (　　　　) して 約束の 時間に 遅れた。 **19**

| 寝坊 　 飼う 　 脱ぐ 　 とめる 　 支度 |

정답

1 ② 생활　2 ① 때 묻다, 더러워지다　3 ① 실　4 ② 벗다　5 ① 놀다
6 支度　7 飼う　8 脱いで　9 とめる　10 寝坊

모양이 비슷해서 헷갈리는 한자!
쓰면서 확인하세요.

틀리기 쉬운 한자 - 모양 6

예					
究	けんきゅう ⑮ 研究	けんきゅう 研究	けんきゅう 研究	けんきゅう 研究	けんきゅう 研究
연구할 구	연구	연구	연구	연구	연구
窓	まど 窓				
창 창	창문				
説	せつめい ⑩ 説明				
말씀 설	설명				
談	そうだん 相談				
말씀 담	상담				
周	まわ 周り				
두루 주	주변				
週	しゅうまつ 週末				
돌 주	주말				
病	びょう き 病気				
병 병	병				
痛	いた 痛い				
아플 통	아프다				
旅	りょこう 旅行				
나르네 여	여행				
族	か ぞく 家族				
겨레 족	가족				

아래의 단어를 보고 읽는 법과 뜻을 적어 본 후 점선대로 접어서 답을 확인해 봅시다.
틀린 단어는 뒷 페이지 ☐에 V표시를 해 봅시다.

접는 선

단어	읽는 법과 뜻	
学生	がくせい	학생
犬		
飼う		
出る		
遊ぶ		
寝坊		
汚す		
汚れる		
脱ぐ		
普通		
生活		
糸		
起こす		
ごみ		
出かける		
人形		
起きる		
とめる		
電池		
支度		
缶		
毛		
化粧		

🖊️ 접으면 답을 확인할 수 있어요.

— 뵤도인 —

예처럼 빈칸을 채우면서 다시 한번 체크해 봅시다.

틀린 단어는 한번 더 체크! 한번 더 복습합니다.

읽는 법과 뜻	
☐	がくせい 학생
☐	いぬ 개
☐	かう 기르다, 사육하다
☐	でる 나오다
☐	あそぶ 놀다
☐	ねぼう 늦잠
☐	よごす 더럽히다
☐	よごれる 때 묻다, 더러워지다
☐	ぬぐ 벗다
☐	ふつう 보통
☐	せいかつ 생활
☐	いと 실
☐	おこす 일으키다
☐	ごみ 쓰레기
☐	でかける 외출하다
☐	にんぎょう 인형
☐	おきる 일어나다
☐	とめる 잠그다, 끊다
☐	でんち 전지, 배터리
☐	したく 준비, 채비
☐	かん 캔
☐	け 털
☐	けしょう 화장

한자	읽는 법	의미
예 学生	がくせい	학생
犬		
飼う		
出る		
遊ぶ		
寝坊		
汚す		
汚れる		
脱ぐ		
普通		
生活		
糸		
起こす		
ごみ		
出かける		
人形		
起きる		
とめる		
電池		
支度		
缶		
毛		
化粧		

DAY 07 mp3

일상생활(2) −우리집−

☐ 01 入口	☐ 02 屋上	☐ 03 押し入れ	☐ 04 鏡
☐ 05 家事	☐ 06 家電	☐ 07 水道	☐ 08 洗濯
☐ 09 掃除	☐ 10 台	☐ 11 台所	☐ 12 畳
☐ 13 棚	☐ 14 使い方	☐ 15 電気	☐ 16 天井
☐ 17 電灯	☐ 18 部屋	☐ 19 門	☐ 20 屋根
☐ 21 床	☐ 22 置く	☐ 23 かける	☐ 24 片づく
☐ 25 片づける	☐ 26 消える	☐ 27 切れる	☐ 28 消す
☐ 29 捨てる	☐ 30 使う	☐ 31 付ける	☐ 32 閉じる
☐ 33 拾う	☐ 34 拭く	☐ 35 燃える	

01 ★ □□

いりぐち
入口

[명] 입구

うちの マンションの (入口（いりぐち）)には 警備員（けいびいん）が いる。

우리 아파트 입구에는 경비원이 있다.

---

02 ★★ ⑫ □□

おくじょう
屋上

[명] 옥상

(屋上（おくじょう）)に 洗濯物（せんたくもの）を 干（ほ）す。

옥상에 빨래를 넌다.

---

03 □□

お い
押し入れ

[명] 붙박이장

今（いま）は もう 着（き）ない 服（ふく）を (押（お）し入（い）れ)に 片（かた）づけた。

이제 더이상 입지 않는 옷을 벽장에 정리했다.

---

04 □□

かがみ
鏡

[명] 거울

(鏡（かがみ）)を 見（み）ながら 今日（きょう）の ネクタイを 決（き）める。

거울을 보면서 오늘의 넥타이를 정한다.

---

05 □□

か じ
家事

[명] 가사

うちでは 夫婦（ふうふ）で (家事（かじ）)を 分担（ぶんたん）して いる。

우리 집에서는 부부가 가사를 분담하고 있다.

---

06 □□

か でん
家電

[명] 가전

やはり 国産（こくさん）の (家電（かでん）)が 使（つか）いやすい。

역시 국산 가전이 사용하기 편하다.

---

07 ★★ ⑫ □□

すいどう
水道

[명] 수도

(水道（すいどう）)の 水（みず）を 出（だ）した ままに して 父（ちち）に しかられた。

수돗물을 틀어둔 채로 둬서 아버지께 꾸중들었다.

08 ★ 洗濯
せんたく
명 세탁

天気が いい 日は 朝から (洗濯)を する。
날씨가 좋은 날은 아침부터 빨래를 한다.
➕ 洗濯機 세탁기

09 ★ 掃除
そうじ
명 청소

お客さんが 来る 前に、部屋の (掃除)を した。
손님이 오기 전에 방 청소를 했다.
➕ 掃除機 청소기

10 ~台
だい
명 ~대, 차·기계 등을 세는 말

うちには 車が 1(台)と、自転車が 3(台)ある。
우리 집에는 차 한 대와 자전거가 3대 있다.

11 ★ 台所
だいどころ
명 부엌, 주방

(台所)では、妹が ケーキを 焼いて いた。
주방에서는 여동생이 케이크를 굽고 있었다.
➖ キッチン 키친, 부엌

12 畳
たたみ
명 다다미

新しい (畳)は 草の 匂いが する。
새 다다미는 풀 냄새가 난다.

13 棚
たな
명 선반, 진열장

(棚)の 下の 段には アルバムが 入って いる。
진열장 아래 단에는 앨범이 들어 있다.

14 使い方
つか かた
명 사용법, 쓰는 방법

新しい 洗濯機の (使い方)が わからない。
새 세탁기의 사용법을 모르겠다.

15
でんき
電気
명 전기, 전등, 불

へや (でんき) を 消して、ふとんに 入った。
방 불을 끄고 이불로 들어갔다.

16
てんじょう
天井
명 천장

へや (てんじょう) に 好きな 歌手の ポスターを はった。
방 천장에 좋아하는 가수의 포스터를 붙였다.

17
でんとう
電灯
명 전등

家の 前の (電灯)が 壊れて、明かりが つかない。
집 앞 전등이 고장 나서 불이 들어오지 않는다.

18
へや
部屋
명 방

自分の (部屋)は 自分で 片づけよう。
자기 방은 자기가 정리하자.

19
もん
門
명 문

(門)の 前で 近所の 人と おしゃべりを した。
문 앞에서 이웃 사람과 수다를 떨었다.

≒ ドア 도어

---

20 ★
やね
屋根
명 지붕

私は 三角形の (屋根)が ある 家に 住んで みたい。
나는 삼각형 지붕이 있는 집에 살아보고 싶다.

21
ゆか
床
명 바닥

(床)に ジュースを こぼして しまった。
바닥에 주스를 흘리고 말았다.

22	テーブルの 上^{うえ}に 本^{ほん}を (置^おいた)。

置^おく

통 놓다, 두다

테이블 위에 책을 놓았다.

23	そのいすに (かけて) お待^まちください。

かける

통 (높은 곳에) 걸다, 걸터앉다, (자물쇠를) 잠그다

그 의자에 앉아 기다려 주세요.

外^{そと}に 出^でる 時^{とき}は 必^{かなら}ず かぎを (かけて) ください。

외출할 때는 반드시 문을 잠그세요.

24	みんなが 手伝^{てつだ}って くれたので、荷物^{にもつ}が (片^{かた}づいた)。

片^{かた}づく

통 정리되다

모두가 도와주었기 때문에 짐이 정리되었다.

25	⑩ 先輩^{せんぱい}は いつも 計画的^{けいかくてき}に 仕事^{しごと}を (片^{かた}づける)。

片^{かた}づける

통 정리하다

선배는 항상 계획적으로 일을 정리한다.

---

26 ★	今^{いま}まで リビングに いた 猫^{ねこ}が、どこかに (消^きえた)。

消^きえる

통 꺼지다, 사라지다

지금까지 거실에 있던 고양이가 어딘가로 사라졌다.

---

27 ★★	通話中^{つうわちゅう}、突然^{とつぜん} 電話^{でんわ}が (切^きれて) しまった。

切^きれる

통 다 되다, 끊어지다

통화 중에 갑자기 전화가 끊겨 버렸다.

---

28 ★★	部屋^{へや}が すずしく なったので、エアコンを (消^けします)。

消^けす

통 끄다

방이 시원해졌으니까 에어컨을 끄겠습니다.

29 ★
す
捨てる
동 버리다

必要の ない ものや むだな ものを (捨てた)。
필요 없는 것과 쓸데없는 것을 버렸다.

30
つか
使う
동 사용하다

この 冷蔵庫は もう 15年も (使って) いる。
이 냉장고는 벌써 15년이나 사용하고 있다.

31
つ　　　　つ
付ける / 点ける
동 붙이다 / (불 등을) 켜다

ペットの 犬に 名前を (付けた)。
애완견에게 이름을 붙였다.

勉強する 時は 電気を (点けて) 明るく しよう。
공부를 할 때는 불을 켜서 밝게 하자.

32 ★　　⑱ ⑩
と
閉じる
동 (열린 것이) 닫히다, 끝나다
(열려 있는 것을) 닫다

目を (閉じても) 眠れない ことが ある。
눈을 감아도 잠이 오지 않을 때가 있다.

テキストを (閉じて) ください。
교과서를 닫으세요.

33 ★★　　⑭ ⑬
ひろ
拾う
동 줍다

床に 落ちて いる ごみを (拾った)。
바닥에 떨어져 있는 쓰레기를 주웠다.

34
ふ
拭く
동 닦다

窓を 1つずつ きれいに (拭く)。
창문을 한 장씩 깨끗이 닦다.

35 ★★
も
燃える
동 타다

近所の レストランが 火事で (燃えて) しまった。
근처 레스토랑이 화재로 타 버렸다.

＋ 燃えるゴミ 타는 쓰레기

실전모의고사로 실력을 한 번 더 확인하세요. www.sisabooks.com에서 다운가능!!!

1 해당 어휘의 음독을 찾고, 빈칸에 의미를 적으세요.

예	学生	✔①がくせい	②がっせい	학생

1	拾う	①つかう	②ひろう	_____
2	入口	①いりくち	②いりぐち	_____
3	消す	①けす	②かす	_____
4	燃える	①もえる	②きえる	_____
5	洗濯	①そうじ	②せんたく	_____

2 문맥에 맞는 단어를 골라, 알맞은 형태로 만드세요. 　표제어 번호

6　必要の ない ものや むだな ものを (　　　　　)。　29

7　先輩は いつも 計画的に 仕事を (　　　　　)。　25

8　通話中、突然 電話が (　　　　　) しまった。　27

9　部屋が すずしく なったので、エアコンを (　　　　　)。　28

10　その いすに (　　　　　) お待ちください。　23

捨てる	切れる	片づける	かける	消す

정답
1 ② 줍다　2 ② 입구　3 ① 끄다　4 ① 타다　5 ② 세탁
6 捨てる　7 片づける　8 切れて　9 消します　10 かけて

모양이 비슷해서 헷갈리는 한자!
쓰면서 확인하세요.

틀리기 쉬운 한자 - 모양 7

예 料	りょうり 料理 ⑪	りょうり 料理	りょうり 料理	りょうり 料理	りょうり 料理
헤아릴 료(요)	요리	요리	요리	요리	요리
科 과목 과	かがく 科学 과학				
馬 말 마	うま 馬 말				
駅 역 역	えき 駅 ⑪ 역				
験 시험할 험	しけん 試験 시험				
皿 그릇 명	さら 皿 ⑰ 접시				
血 피 혈	ち 血 피				
立 설 립	た 立つ 서다, 서 있다				
建 세울 건	た 建つ (건물이) 세워지다				
経 지날 경	た 経つ (시간이) 경과하다				

아래의 단어를 보고 읽는 법과 뜻을 적어 본 후 점선대로 접어서 답을 확인해 봅시다.
틀린 단어는 뒷 페이지 □에 V표시를 해 봅시다.

접는 선

단어	읽는 법과 뜻	
学生	がくせい	학생
入口		
家事		
消える		
消す		
置く		
切れる		
拭く		
閉じる		
使い方		
部屋		
捨てる		
付ける		
使う		
洗濯		
水道		
屋上		
電気		
片づける		
拾う		
屋根		
掃除		
燃える		

접으면 답을 확인할 수 있어요.

― 아사쿠사 ―

예처럼 빈칸을 채우면서 다시 한번
체크해 봅시다.

틀린 단어는 한번 더
체크! 한번 더 복습합니다.

읽는 법과 뜻
☐ がくせい 학생
☐ いりぐち 입구
☐ かじ 가사
☐ きえる 꺼지다
☐ けす 끄다
☐ おく 놓다, 두다
☐ きれる 다 되다, 끊어지다
☐ ふく 닦다
☐ とじる 닫히다, 끝나다
☐ つかいかた 사용법
☐ へや 방
☐ すてる 버리다
☐ つける 붙이다
☐ つかう 사용하다
☐ せんたく 세탁
☐ すいどう 수도
☐ おくじょう 옥상
☐ でんき 전기, 전등
☐ かたづける 정리하다
☐ ひろう 줍다
☐ やね 지붕
☐ そうじ 청소
☐ もえる 타다

한자	읽는 법	의미
예　学生	がくせい	학생
入口		
家事		
消える		
消す		
置く		
切れる		
拭く		
閉じる		
使い方		
部屋		
捨てる		
付ける		
使う		
洗濯		
水道		
屋上		
電気		
片づける		
拾う		
屋根		
掃除		
燃える		

DAY

DAY 08 mp3

일상생활(3) -마을-

알고 있는 단어를 체크해 봅시다.

☐ 01 壁	☐ 02 喫茶店	☐ 03 教会	☐ 04 公園
☐ 05 市町村	☐ 06 建物	☐ 07 地下	☐ 08 寺
☐ 09 動物園	☐ 10 都会	☐ 11 二階建て	☐ 12 美容院
☐ 13 広場	☐ 14 本屋	☐ 15 町	☐ 16 村
☐ 17 木製	☐ 18 レストラン	☐ 19 開く	☐ 20 開ける
☐ 21 祈る	☐ 22 閉める	☐ 23 過ぎる	☐ 24 住む
☐ 25 立つ	☐ 26 建つ	☐ 27 立てる	☐ 28 建てる
☐ 29 できる	☐ 30 取りかえる	☐ 31 掃く	☐ 32 引っ越す
☐ 33 きたない	☐ 34 広い	☐ 35 にぎやか(な)	

01 ★
かべ
壁
명 벽

この 町の (壁)には 様々な 絵が 描かれて いる。
이 동네의 벽에는 다양한 그림이 그려져 있다.

02
きっさてん
喫茶店
명 찻집

カフェよりも 昔から ある (喫茶店)の 雰囲気が 好きです。
카페보다도 옛날부터 있는 찻집의 분위기를 좋아합니다.

03
きょうかい
教会
명 교회

昨日は (教会)で 音楽会が あった。
어제는 교회에서 음악회가 있었다.

04
こうえん
公園
명 공원

子どもを 連れて (公園)に 遊びに 行った。
아이를 데리고 공원에 놀러 갔다.

05
し ちょうそん
市町村
명 일본의 행정 구획의 명칭
(시, 읍, 면과 비슷함)

全国の (市町村)では 学校の 数が 減って いる。
전국의 시읍면에서는 학교 수가 줄고 있다.

06
たてもの
建物
명 건물

(建物)の 安全性が 注目されて いる。
건물의 안전성이 주목받고 있다.

07
ち か
地下
명 지하

うちの マンションは (地下)に ジムが ある。
우리 아파트는 지하에 스포츠 센터가 있다.

08 ★
てら
寺
명 절

京都に 行けば 古い (寺)を 見る ことが できる。
교토에 가면 오래된 절을 볼 수 있다.

09 ★★
どうぶつえん
動物園
명 동물원

この (動物園)には パンダの 赤ちゃんが いる。
이 동물원에는 판다의 새끼가 있다.

10 ⑱
と かい
都会
명 도회, 도시

(都会)での 生活は 忙しくて 余裕が ない。
도시에서의 생활은 바빠서 여유가 없다.

11 ★★ ⑯
に かい だ
二階建て
명 2층짜리 집(건물)

私の 実家は (二階建て)で、1階には 両親が 住んで いる。
내 본가는 이층집으로 1층에는 부모님이 살고 계시다.

12
び よういん
美容院
명 미용실

この 辺りには (美容院)が たくさん ある。
이 주변에는 미용실이 많이 있다.

13
ひろ ば
広場
명 광장

夏祭りの 会場は 市役所の 前の (広場)だ。
여름축제 회장(장소)은 시청 앞 광장이다.

14 ★ ⑭
ほん や
本屋
명 책방, 서점

インターネットの 普及で、町の (本屋)が 減っている。
인터넷의 보급으로 동네 서점이 줄고 있다.

15
まち
町
명 시가지, 시내

この (町)は 海産物が よく とれる。
이 지역은 해산물이 잘 잡힌다.

16
むら
村
명 마을

(村)の 若い 人が 都市に 出て 行く。
마을 젊은이들이 도시로 나간다.

17 ★
もくせい
木製
명 목제

父の 部屋に (木製)の いすを 置いた。
아버지 방에 목제 의자를 놓았다.
➕ 日本製 일본제

18
レストラン
명 레스토랑

昼は 近くの (レストラン)で 食事を した。
점심은 근처 레스토랑에서 식사를 했다.

19 ★
あ
開く
동 ①열리다 ②(가게의) 문을 열다 ③(막이) 열리다, 오르다

① 自動ドアが (開いた)。
자동문이 열렸다.

② 新しい スーパーが (開く)のを 並んで 待った。
새로운 슈퍼마켓이 오픈하는 것을 줄을 서서 기다렸다.

③ 社会人生活の 幕が (開いた)。
사회인 생활의 막이 열렸다.

20
あ
開ける
동 ①열다, 펴다 ②(눈을) 뜨다

① ドアの かぎを (開けた)。
문 열쇠를 열었다.

② 驚いて、目を 大きく (開けた)。
놀라서 눈을 크게 떴다.

21
いの
祈る
동 기도하다, 기원하다

韓国代表チームの 勝利を (祈った)。
한국 대표팀의 승리를 기원했다.

22

閉(し)める

[동] 닫다

毎日(まいにち) 午後(ごご) 8時(じ)には 店(みせ)を (閉(し)める)。

매일 오후 8시에는 가게를 닫는다.

23

過(す)ぎる

[동] 지나다, 통과하다

次(つぎ)の 信号(しんごう)を (過(す)ぎたら)、車(くるま)を 止(と)めて ください。

다음 신호를 지나면 차를 세워 주세요.

---

24 ★★★ ⑮ ⑫

住(す)む

[동] 살다

結婚(けっこん)したら どこに (住(す)む)か 考(かんが)えて いる。

결혼하면 어디에 살지 생각하고 있다.

25

立(た)つ

[동] 서다

駅(えき)の 中(なか)には、(立(た)って) 食(た)べる そば屋(や)が ある。

역 안에는 서서 먹는 메밀국수 집이 있다.

26

建(た)つ

[동] (건물이) 세워지다

この 土地(とち)には 新(あたら)しい ショッピングモールが (建(た)つ) らしい。

이 지역에 새로운 쇼핑몰이 세워진다는 것 같다.

27

立(た)てる

[동] 세우다

本棚(ほんだな)に 本(ほん)を (立(た)てて) 並(なら)べる。

책장에 책을 세워서 진열한다.

---

28 ★★ ⑪

建(た)てる

[동] 건물을 짓다, 세우다

自社(じしゃ)ビルを (建(た)てる) ことが 私(わたし)の 夢(ゆめ)です。

자사 빌딩을 세우는 것이 제 꿈입니다.

29 □□

できる

[동] ①할 수 있다 ②생기다

① 図書館(としょかん)では 10冊(さつ)まで 本(ほん)を 借(か)りる ことが (できる)。
도서관에서는 10권까지 책을 빌릴 수 있다.

② 駅前(えきまえ)に 新(あたら)しい カフェが (できた)。
역 앞에 새로운 카페가 생겼다.

---

30 □□

取(と)りかえる

[동] 바꾸다

毎日(まいにち) 新(あたら)しい タオルに (取(と)りかえる)。
매일 새 타월로 바꾼다.

---

31 ★ □□

掃(は)く

[동] 쓸다

玄関(げんかん)の 前(まえ)の 落(お)ち葉(ば)を (掃(は)いた)。
현관 앞의 낙엽을 쓸었다.

---

32 ★★ ⑫□□

引(ひ)っ越(こ)す

[동] 이사하다

これから (引(ひ)っ越(こ)す) 家(いえ)を 見(み)に 行(い)く。
지금부터 이사할 집을 보러 간다.

---

33 ★★ ⑭□□

きたない

[イ] 더럽다, 지저분하다

この 道(みち)は ごみや たばこが 落(お)ちて いて (きたない)。
이 길은 쓰레기나 담배가 떨어져 있어 지저분하다.

---

34 ★ □□

広(ひろ)い

[イ] 넓다

学校(がっこう)の となりに (広(ひろ)い) 林(はやし)が ある。
학교 옆에 넓은 숲이 있다.

↔ 狭(せま)い 좁다

---

35 ★ ⑪□□

にぎやか(な)

[ナ] 활기찬, 번화한, 북적거리는, 명랑하게 떠드는 모양

うちは 7人家族(にんかぞく)で (にぎやかだ)。
우리 집은 7명 가족이어서 북적거린다.

+ うるさい 시끄럽다(부정적 이미지)

실전모의고사로 실력을 한 번 더 확인하세요. www.sisabooks.com에서 다운가능!!!

1 해당 어휘의 음독을 찾고, 빈칸에 의미를 적으세요.

| | 예 | 学生 | ✓① がくせい | ② がっせい | 학생 |

1 広い　　　① せまい　　　② ひろい　　　＿＿＿＿＿＿＿＿

2 住む　　　① すむ　　　　② よむ　　　　＿＿＿＿＿＿＿＿

3 本屋　　　① ほんや　　　② ぼんや　　　＿＿＿＿＿＿＿＿

4 建てる　　① すてる　　　② たてる　　　＿＿＿＿＿＿＿＿

5 動物園　　① どうぶつえん　② しょくぶつえん　＿＿＿＿＿＿＿＿

2 문맥에 맞는 단어를 골라, 알맞은 형태로 만드세요.　표제어 번호

6 玄関の 前の 落ち葉を (　　　　　　)。　31

7 うちは 7人家族で (　　　　　　)。　35

8 これから (　　　　　)家を 見に 行く。　32

9 ドアの かぎを (　　　　　　)。　20

10 この 道は ごみや たばこが 落ちて いて(　　　　　　)。　33

引っ越す　　にぎやかだ　　きたない　　開ける　　掃く

정답
1 ② 넓다　2 ① 살다　3 ① 책방, 서점　4 ② 건물을 짓다, 세우다　5 ① 동물원
6 掃いた　7 にぎやかだ　8 引っ越す　9 開けた　10 きたない

고득점 어휘

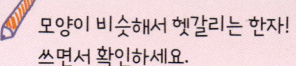

모양이 비슷해서 헷갈리는 한자! 쓰면서 확인하세요.

틀리기 쉬운 한자 - 모양 8

[예] 運	運ぶ(はこぶ)	運ぶ(はこぶ)	運ぶ(はこぶ)	運ぶ(はこぶ)	運ぶ(はこぶ)
옮길 운	옮기다	옮기다	옮기다	옮기다	옮기다
通	通う(かよう)				
통할 통	다니다				
石	石(いし)				
돌 석	돌				
岩	岩(いわ)				
바위 암	바위				
小	小さい(ちいさい)				
작을 소	작다				
少	少ない(すくない)				
적을 소	적다				
受	受ける(うける)				
받을 수	받다				
授	授業(じゅぎょう)				
줄 수	수업				
争	争う(あらそう)				
다툴 쟁	다투다				
静	静かだ(しずかだ) ⑫				
고요할 정	조용하다				

아래의 단어를 보고 읽는 법과 뜻을 적어 본 후 점선대로 접어서 답을 확인해 봅시다.
틀린 단어는 뒷 페이지 ☐ 에 V표시를 해 봅시다.

접는 선

🖊️ 접으면 답을
확인할 수 있어요.

단어	읽는 법과 뜻	
学生	がくせい	학생
開ける		
建物		
建てる		
公園		
祈る		
広い		
閉める		
きたない		
動物園		
にぎやか(な)		
村		
木製		
壁		
住む		
立つ		
町		
掃く		
引っ越す		
寺		
過ぎる		
地下		
本屋		

− 야마가타현 −

예처럼 빈칸을 채우면서 다시 한번 체크해 봅시다.

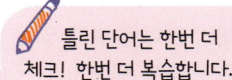 틀린 단어는 한번 더 체크! 한번 더 복습합니다.

읽는 법과 뜻		한자	읽는 법	의미
☐	がくせい 학생	예 学生	がくせい	학생
☐	あける 열다, 펴다	開ける		
☐	たてもの 건물	建物		
☐	たてる 건물을 짓다, 세우다	建てる		
☐	こうえん 공원	公園		
☐	いのる 기도하다, 기원하다	祈る		
☐	ひろい 넓다	広い		
☐	しめる 닫다	閉める		
☐	きたない 더럽다, 지저분하다	きたない		
☐	どうぶつえん 동물원	動物園		
☐	にぎやか(な) 떠들썩한, 번화한	にぎやか(な)		
☐	むら 마을	村		
☐	もくせい 목제	木製		
☐	かべ 벽	壁		
☐	すむ 살다	住む		
☐	たつ 서다	立つ		
☐	まち 시가지, 시내	町		
☐	はく 쓸다	掃く		
☐	ひっこす 이사하다	引っ越す		
☐	てら 절	寺		
☐	すぎる 지나다, 통과하다	過ぎる		
☐	ちか 지하	地下		
☐	ほんや 책방, 서점	本屋		

접는 선

DAY

DAY 09 mp3

식생활(1) –맛–

알고 있는 단어를 체크해 봅시다.

☐ 01 味	☐ 02 お湯	☐ 03 ごちそう	☐ 04 食事
☐ 05 食堂	☐ 06 食品	☐ 07 食料品	☐ 08 食器
☐ 09 道具	☐ 10 匂い	☐ 11 昼ご飯	☐ 12 夕飯
☐ 13 かむ	☐ 14 冷める	☐ 15 ぬる	☐ 16 残る
☐ 17 飲む	☐ 18 冷える	☐ 19 冷やす	☐ 20 焼く
☐ 21 焼ける	☐ 22 沸かす	☐ 23 沸く	☐ 24 温かい
☐ 25 熱い	☐ 26 甘い	☐ 27 薄い	☐ 28 うまい
☐ 29 かたい	☐ 30 辛い	☐ 31 塩辛い	☐ 32 すっぱい
☐ 33 冷たい	☐ 34 苦い	☐ 35 やわらかい	

01 ★★ ⑮⑬ あじ **味** 명 맛	この 店の 食べ物は (味)が 濃い。 이 가게 음식은 맛이 진하다. ➕ 味がする 맛이 나다
02 ゆ **お湯** 명 뜨거운 물	カップめんに (お湯)を 入れて 3分 待ちます。 컵라면에 뜨거운 물을 붓고 3분 기다립니다.
03 **ごちそう** 명 する 대접함, 맛있는 요리	特別な 日には 母が (ごちそう)を 準備して くれる。 특별한 날에는 엄마가 맛있는 음식을 준비해 주신다.
04 ★ ⑫ しょく じ **食事** 명 する 식사	彼女と (食事)に 行きたいけど、どんな 店が いいのか な。 여자친구와 식사하러 가고 싶은데 어떤 곳이 좋을까?
05 ★★ ⑪ しょくどう **食堂** 명 식당	ここは そばが おいしいと 評判の (食堂)だ。 여기는 메밀국수가 맛있다고 소문난 식당이다.
06 しょくひん **食品** 명 식품	デパートの (食品) 売り場で お土産を 買った。 백화점 식품 매장에서 선물을 샀다.
07 ★★★ ⑭⑫ しょくりょうひん **食料品** 명 식료품	地震の 後は スーパーや コンビニの (食料品)が なく なる。 지진 후에는 슈퍼마켓이나 편의점의 식료품이 없어진다.

08 しょっき
食器
명 식기

料理に 合わせて (食器)を 選んでいる。
요리에 맞춰 식기를 고르고 있다.

---

09 ★ どうぐ
道具
명 도구

(道具)を 使って、野菜の 皮を むく。
도구를 사용해서 채소 껍질을 벗긴다.

---

10 ★ におい
匂い
명 냄새

この 店から おいしそうな (匂い)が する。
이 가게에서 맛있는 냄새가 난다.
+ 匂いがする 냄새가 나다

---

11 ★ ⑱⑮ ひるごはん
昼ご飯
명 점심, 점심 식사

(昼ご飯)は 自分で 作った 弁当を 食べる。
점심은 내가 직접 만든 도시락을 먹는다.
= 昼食 점심 식사

---

12 ゆうしょく
夕食
명 저녁 식사, 저녁밥

(夕食)を 作る 時間が なくて、出前を とった。
저녁 식사를 만들 시간이 없어서 배달 주문을 했다.
= 夕飯 저녁 식사

---

13 ★★
かむ
동 씹다

食事は よく (かんで)、ゆっくり 食べましょう。
식사는 잘 씹어서 천천히 먹읍시다.

---

14 ★★ さめる
冷める
동 식다

(冷めた) 料理は あまり おいしく ない。
식은 음식은 별로 맛이 없다.

15 **ぬる** [동] 바르다	パンに バターを (ぬって) 食(た)べる。 빵에 버터를 발라서 먹는다.
16 ★ **残(のこ)る** [동] 남다	(残(のこ)った) 野菜(やさい)で スープを 作(つく)った。 남은 채소로 수프를 만들었다.
17 ★ **飲(の)む** [동] 마시다	会社(かいしゃ)の 会食(かいしょく)では ときどき お酒(さけ)を (飲(の)む)。 회사 회식에서는 가끔 술을 마신다.
18 ★★ ⑫ **冷(ひ)える** [동] 식다, 차가워지다(상온보다 온도가 낮아짐)	よく (冷(ひ)えた) すいかを みんなで 食(た)べた。 시원해진 수박을 다 함께 먹었다. + 冷(さ)める 식다(고온에서 상온으로)
19 ★ **冷(ひ)やす** [동] 식히다, 차게 하다	レストランでは グラスを (冷(ひ)やす) 店(みせ)も ある。 레스토랑에서는 유리잔을 차게 해두는 곳도 있다.
20 **焼(や)く** [동] 태우다, 굽다	豚肉(ぶたにく)は よく (焼(や)いて) 食(た)べて ください。 돼지고기는 잘 구워서 드세요.
21 **焼(や)ける** [동] 구워지다	ハンバーグが (焼(や)ける)まで、あと 5分(ふん) かかる。 함박스테이크가 구워질 때까지 앞으로 5분 걸린다.

22 ★★ ⑭□□

沸(わ)かす

[동] (물을) 끓이다

お湯(ゆ)を (沸(わ)かして) お茶(ちゃ)を 入(い)れた。
물을 끓여서 차를 탔다.

---

23 ★ □□

沸(わ)く

[동] 끓다

まずは なべに 水(みず)を 入(い)れて (沸(わ)く)まで 待(ま)ちます。
우선은 냄비에 물을 넣고 끓을 때까지 기다립니다.

---

24 ★★★ □□

温(あたた)かい

[イ] (물, 음식 등이) 따뜻하다, (성격이) 다정하다

(温(あたた)かい) 飲(の)み物(もの)を 飲(の)んで 少(すこ)し 休(やす)んだ。
따뜻한 음료를 마시고 잠깐 쉬었다.

[+] 暖(あたた)かい (날씨, 성격 등이) 따뜻하다

---

25 ★★ □□

熱(あつ)い

[イ] 뜨겁다

コーヒーが (熱(あつ)くて) まだ 飲(の)めない。
커피가 뜨거워서 아직 마실 수 없다.

---

26 □□

甘(あま)い

[イ] 달다

(甘(あま)い)のが 好(す)きな 人(ひと)は さとうを 入(い)れて ください。
단 것을 좋아하는 사람은 설탕을 넣으세요.

---

27 ★★ ⑪□□

薄(うす)い

[イ] ①얇다 ②연하다

① 電話(でんわ)で (薄(うす)い) ピザを 注文(ちゅうもん)した。
전화로 얇은 피자를 주문했다.

② この パスタは 味(あじ)が (薄(うす)い)。
이 파스타는 맛이 싱겁다.

① [↔] 厚(あつ)い 두껍다 ② [↔] 濃(こ)い 진하다

---

28 ★ ⑪□□

うまい

[イ] 맛있다, 잘하다

風邪(かぜ)を ひくと 何(なに)を 食(た)べても (うまい)と 感(かん)じられない。
감기에 걸리면 뭘 먹어도 맛있게 느껴지지 않는다.

[+] おいしい 맛있다

29 ★★★ ⑫ □□ **かたい** ィ 딱딱하다	この 魚^{さかな}は 焼^やきすぎて (かたく) なって しまった。 이 생선은 너무 구워서 딱딱해져 버렸다.

30 □□ ^{から} **辛い** ィ 맵다	注文^{ちゅうもん}する 時^{とき}、「あまり (辛^{から}く) しないで ください」と 言^いった。 주문할 때 '너무 맵지 않게 해 주세요'라고 했다.

31 □□ ^{しおから} **塩辛い** ィ 짜다	ポテトチップスは (塩辛^{しおから}くて)、体^{からだ}に 悪^{わる}そうだ。 포테이토칩은 짜서 몸에 나쁠 것 같다. = しょっぱい 짜다

32 □□ **すっぱい** ィ 시큼하다, 시다	レモンは (すっぱい)が、サラダに 入^いれると おいしい。 레몬은 시지만 샐러드에 넣으면 맛있다.

33 ★★ ⑫ □□ ^{つめ} **冷たい** ィ 차갑다	暑^{あつ}い 日^ひには (冷^{つめ}たい) アイスが 食^たべたく なる。 더울 때는 차가운 아이스크림이 먹고 싶어진다.

34 ★★ ⑪ □□ ^{にが} **苦い** ィ 쓰다	ビールは (苦^{にが}い)ので 苦手^{にがて}です。 맥주는 써서 잘 못 마십니다. + 若^{わか}い 젊다

35 □□ **やわらかい** ィ 부드럽다	この お肉^{にく}は (やわらかくて) おいしい。 이 고기는 부드럽고 맛있다.

✏️ 실전모의고사로 실력을 한 번 더 확인하세요. www.sisabooks.com에서 다운가능!!!

1 해당 어휘의 음독을 찾고, 빈칸에 의미를 적으세요.

| 예 | 学生 | ✓① がくせい | ② がっせい | 학 생 |

1	熱い	① あつい	② ねつい	___
2	味	① おゆ	② あじ	___
3	冷える	① ひえる	② きえる	___
4	食堂	① しょくや	② しょくどう	___
5	薄い	① うすい	② こい	___

2 문맥에 맞는 단어를 골라, 알맞은 형태로 만드세요. 표제어 번호

6 お湯を (　　　　　) お茶を 入れた。 22

7 パンにバターを (　　　　　)食べる。 15

8 (　　　　　)のが 好きな 人は さとうを 入れて ください。 26

9 この 店から おいしそうな (　　　　　)が する。 10

10 (　　　　　) 野菜で スープを 作った。 16

| 甘い | 沸かす | 残る | ぬる | 匂い |

고득점 어휘

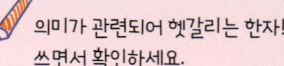

의미가 관련되어 헷갈리는 한자!
쓰면서 확인하세요.

틀리기 쉬운 한자 - 의미 1

[예] 青	青(あお)い	青(あお)い	青(あお)い	青(あお)い	青(あお)い
푸를 청	푸르다, 파랗다	푸르다, 파랗다	푸르다, 파랗다	푸르다, 파랗다	푸르다, 파랗다
黒	黒(くろ)い				
검을 흑	검다				
赤	赤(あか)い ⑬ ⑰				
붉을 적	붉다, 빨갛다				
白	白(しろ)い				
흰 백	희다, 결백하다				
枚	何枚(なんまい) ⑰				
낱 매	몇 장				
冊	何冊(なんさつ)				
책 책	몇 권				
個	何個(なんこ)				
낱 개	몇 개				
台	何台(なんだい)				
대 대	몇 대				
寝	寝(ね)る				
잠잘 침	자다				
眠	眠(ねむ)い ⑪				
잘 면	졸리다				

아래의 단어를 보고 읽는 법과 뜻을 적어 본 후 점선대로 접어서 답을 확인해 봅시다.
틀린 단어는 뒷 페이지 ☐에 V표시를 해 봅시다.

접는 선

✏ 접으면 답을
확인할 수 있어요.

단어	읽는 법과 뜻	
学生	がくせい	학생
味		
温かい		
沸かす		
薄い		
残る		
匂い		
甘い		
道具		
かたい		
お湯		
熱い		
飲む		
辛い		
冷める		
冷える		
食堂		
食料品		
食事		
苦い		
昼ご飯		
冷たい		
焼く		

― 교토 가모미오야 신사 ―

예처럼 빈칸을 채우면서 다시 한번 체크해 봅시다.

틀린 단어는 한번 더 체크! 한번 더 복습합니다.

읽는 법과 뜻	한자	읽는 법	의미
がくせい / 학생	예 学生	がくせい	학생
あじ / 맛	味		
あたたかい / (음식이) 따뜻하다	温かい		
わかす / (물을) 끓이다	沸かす		
うすい / 얇다, 연하다	薄い		
のこる / 남다	残る		
におい / 냄새	匂い		
あまい / 달다	甘い		
どうぐ / 도구	道具		
かたい / 딱딱하다	かたい		
おゆ / 뜨거운 물	お湯		
あつい / 뜨겁다	熱い		
のむ / 마시다	飲む		
からい / 맵다	辛い		
さめる / 식다	冷める		
ひえる / 식다, 차가워지다	冷える		
しょくどう / 식당	食堂		
しょくりょうひん / 식료품	食料品		
しょくじ / 식사	食事		
にがい / 쓰다	苦い		
ひるごはん / 점심, 점심 식사	昼ご飯		
つめたい / 차갑다	冷たい		
やく / 태우다, 굽다	焼く		

DAY

DAY 10 mp3

식생활(2) −음식−

알고 있는 단어를 체크해 봅시다.

☐ 01 お茶	☐ 02 牛肉	☐ 03 ケーキ	☐ 04 原料
☐ 05 ご飯	☐ 06 米	☐ 07 材料	☐ 08 サラダ
☐ 09 ジャム	☐ 10 すいか	☐ 11 ステーキ	☐ 12 セット
☐ 13 食べ物	☐ 14 たまねぎ	☐ 15 ハンバーグ	☐ 16 ビール
☐ 17 ビタミン	☐ 18 豆	☐ 19 みそ	☐ 20 メニュー
☐ 21 野菜	☐ 22 料理	☐ 23 冷蔵庫	☐ 24 ワイン
☐ 25 切る	☐ 26 作る	☐ 27 細かい	☐ 28 少ない

01 お茶
ちゃ
명 차

中国の お土産に (お茶)を 買って きた。
ちゅうごく　　みやげ　　ちゃ　　か
중국 선물(토산물)로 차를 사 왔다.

02 牛肉
ぎゅうにく
명 소고기

国産の (牛肉)で ハンバーグを 作った。
こくさん　　ぎゅうにく　　　　　　　　　つく
국산 쇠고기로 함박스테이크를 만들었다.

03 ケーキ
명 케이크

妻の 誕生日に (ケーキ)を 買って 家に 帰った。
つま　たんじょうび　　　　　　か　　いえ　かえ
아내의 생일에 케이크를 사서 집으로 돌아갔다.

04 ★ 原料
げんりょう
명 원료

豆腐の (原料)は 大豆だ。
とうふ　げんりょう　だいず
두부의 원료는 대두이다.

05 ご飯
はん
명 밥, 식사

(ご飯)は 残さないで 食べましょう。
はん　　のこ　　　　た
밥은 남기지 말고 먹읍시다.

06 ★★ 米
こめ
명 쌀

秋田県は (米)の 産地として 有名な ところです。
あきたけん　こめ　　さんち　　　ゆうめい
아키타현은 쌀 산지로서 유명한 곳입니다.

07 ★ 材料
ざいりょう
명 재료

夕食の (材料)を スーパーで 買いました。
ゆうしょく　ざいりょう　　　　　　　　か
저녁 식사 재료를 슈퍼마켓에서 샀습니다.

08 ☐☐ **サラダ** 명 샐러드	今日は トマトと チーズの (サラダ)に しよう。 오늘은 토마토 치즈 샐러드로 해야지.

今日<ruby>きょう</ruby>

09 ☐☐ **ジャム** 명 잼	いちごと さとうを 使って (ジャム)を 作った。 딸기와 설탕을 사용하여 잼을 만들었다.

使<ruby>つか</ruby>って 作<ruby>つく</ruby>った

10 ☐☐ **すいか** 명 수박	(すいか)は 水分が 多くて さっぱりして いる。 수박은 수분이 많아 깔끔하다.

水分<ruby>すいぶん</ruby> 多<ruby>おお</ruby>くて

➕ ぶどう 포도　みかん 귤　りんご 사과

11 ☐☐ **ステーキ** 명 스테이크	(ステーキ)は 焼く 時間が むずかしい。 스테이크는 굽는 시간이 어렵다.

焼<ruby>や</ruby>く 時間<ruby>じかん</ruby>

12 ☐☐ **セット** 명 세트	ランチ(セット)は 11時から 15時まで 注文できる。 런치 세트는 11시부터 15시까지 주문할 수 있다.

11時<ruby>じ</ruby> 15時<ruby>じ</ruby> 注文<ruby>ちゅうもん</ruby>

13 ☐☐ **食べ物** 명 음식	僕は (食べ物)の 好き嫌いが ない。 나는 음식을 가리는 게 없다.

食<ruby>た</ruby>べ物<ruby>もの</ruby> 僕<ruby>ぼく</ruby> 好<ruby>す</ruby>き嫌<ruby>きら</ruby>い

14 ☐☐ **たまねぎ** 명 양파	(たまねぎ)を 切る 時は 目が 痛くて 涙が 出る。 양파를 자를 때는 눈이 매워서 눈물이 나온다.

切<ruby>き</ruby>る 時<ruby>とき</ruby> 目<ruby>め</ruby> 痛<ruby>いた</ruby>くて 涙<ruby>なみだ</ruby> 出<ruby>で</ruby>る

15 □□

ハンバーグ

[명] 함박스테이크

私(わたし)の 得意料理(とくいりょうり)は (ハンバーグ)です。
내가 제일 자신 있는 요리는 함박스테이크입니다.

[+] ハンバーガー 햄버거

16 □□

ビール

[명] 맥주

冷(つめ)たい (ビール)を 飲(の)みながら、チキンを 食(た)べましょう。
차가운 맥주를 마시면서 치킨을 먹읍시다.

[+] ビル 빌딩

17 □□

ビタミン

[명] 비타민

サプリメントより、野菜(やさい)で (ビタミン)を 取(と)りたい。
영양제보다 채소로 비타민을 섭취하고 싶다.

18 ★★ □□

豆(まめ)

[명] 콩

(豆(まめ))は 健康(けんこう)に いい 食材(しょくざい)だ。
콩은 건강에 좋은 식재료이다.

19 □□

みそ

[명] 된장

私(わたし)の 祖母(そぼ)は 手作(てづく)りの (みそ)を 使(つか)って いる。
우리 할머니는 직접 만드신 된장을 사용하신다.

20 ⑫ □□

メニュー

[명] 메뉴

この 店(みせ)の (メニュー)は すべて 肉(にく)を 使(つか)わない 料理(りょうり)だ。
이 가게의 메뉴는 전부 고기를 사용하지 않는 요리이다.

21 ★★ ⑬⑩ □□

野菜(やさい)

[명] 채소

季節(きせつ)の (野菜(やさい))が 一番(いちばん) おいしい。
제철 채소가 가장 맛있다.

| 22 ★ ⑫ □□ | (料理)を 食べるのは 好きだが、作るのは 下手だ。 |
| りょう り **料理** 명 요리 | 음식을 먹는 것은 좋아하지만 만드는 것은 잘 못한다. |

| 23 ★ □□ | この 家の (冷蔵庫)には 水しか 入って いない。 |
| れいぞう こ **冷蔵庫** 명 냉장고 | 이 집의 냉장고에는 물밖에 들어있지 않다. |

| 24 □□ | 主人は お酒の 中でも 特に (ワイン)が 好きだ。 |
| **ワイン** 명 와인 | 남편은 술 중에서도 특히 와인을 좋아한다. |

| 25 □□ | かたい 野菜を (切る) ときは 注意して ください。 |
| き **切る** 동 자르다 | 단단한 채소를 자를 때는 주의해 주세요. |

| 26 □□ | これは はじめて (作る) 料理なので 作り方を 調べ ます。 |
| つく **作る** 동 만들다 | 이것은 처음으로 만드는 요리라서 만드는 방법을 알아보겠습니다. |

| 27 ★ □□ | 野菜を (細かく) 切って サラダの ソースを 作った。 |
| こま **細かい** イ 잘다, 자세하다 | 채소를 잘게 썰어 샐러드 소스를 만들었다. |

| 28 ★ □□ | (少ない) 量でも 色々な 料理が 食べたい。 |
| すく **少ない** イ 적다 | 적은 양이라도 여러 가지 요리를 먹고싶다. |

실전모의고사로 실력을 한 번 더
확인하세요. www.sisabooks.com에서
다운가능!!!

1 해당 어휘의 음독을 찾고, 빈칸에 의미를 적으세요.

예	学生	✓がくせい	②がっせい	학생

1 野菜　　① やきゅう　② やさい　＿＿＿＿＿＿＿＿

2 米　　　① こめ　　　② むぎ　　＿＿＿＿＿＿＿＿

3 料理　　① りょうり　② りょり　＿＿＿＿＿＿＿＿

4 材料　　① ざいりょ　② ざいりょう　＿＿＿＿＿＿＿＿

5 細かい　① ほそかい　② こまかい　＿＿＿＿＿＿＿＿

2 문맥에 맞는 단어를 골라, 알맞은 형태로 만드세요.　표제어 번호

6 かたい 野菜を (　　　　　)ときは 注意して ください。　25

7 いちごと さとうを 使って (　　　　　)を 作った。　09

8 これは、はじめて (　　　　　)料理なので 作り方を 調べます。　26

9 野菜を (　　　　　) 切って サラダの ソースを 作った。　27

10 (　　　　　) 量でも 色々な 料理が 食べたい。　28

切る	ジャム	細かい	作る	少ない

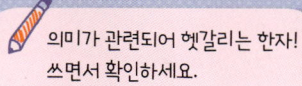

의미가 관련되어 헷갈리는 한자!
쓰면서 확인하세요.

틀리기 쉬운 한자 – 의미 2

예					
貸 빌릴 대	貸す 빌려 주다	貸す 빌려 주다	貸す 빌려 주다	貸す 빌려 주다	貸す 빌려 주다
借 빌릴 차	借りる 빌리다				
返 돌이킬 반	返す (빌린 것을) 돌려주다				
始 비로소 시	始める 시작하다				
終 마칠 종	終わる ⑬ 끝나다				
押 누를 압	押す ⑬ 밀다				
引 당길 인	引く 당기다				
売 팔 매	売れる ⑭ 팔리다				
買 살 매	買う 사다				

ない형에 접속하는 문형

ないで **(ずに)**	~하지 않고, ~하지 말고 運動は むりしないで 毎日 少しずつ するのが いいです。 운동은 무리하지 말고 매일 조금씩 하는 것이 좋습니다.
なくて	~하지 않아서 会社に ケータイを 持って 行かなくて とても こまりました。 회사에 휴대전화를 들고 가지 않아서 매우 곤란했습니다.
なくてもいい	~하지 않아도 된다 忙しければ 来なくても いいです。 바쁘면 오지 않아도 좋습니다.
なければならない	~하지 않으면 안 된다 明日は 会議が あるから 早く 起きなければ なりません。 내일은 회의가 있으니까 일찍 일어나지 않으면 안 됩니다.
ないでください	~하지 마세요 これは あぶない ものだから さわらないで ください。 이것은 위험한 물건이니까 만지지 마세요.

✏️ 복습해 볼까요?

아래의 단어를 보고 읽는 법과 뜻을 적어 본 후 점선대로 접어서 답을 확인해 봅시다.
틀린 단어는 뒷 페이지 ☐에 V표시를 해 봅시다.

접는 선

✏️ 접으면 답을
확인할 수 있어요.

단어	읽는 법과 뜻	
学生	がくせい	학생
冷蔵庫		
みそ		
作る		
ビール		
メニュー		
ご飯		
ビタミン		
牛肉		
すいか		
米		
たまねぎ		
ワイン		
料理		
原料		
食べ物		
切る		
細かい		
材料		
少ない		
お茶		
野菜		
豆		

— 하코네 신사 —

예처럼 빈칸을 채우면서 다시 한번 체크해 봅시다.

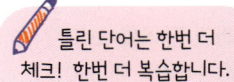 틀린 단어는 한번 더 체크! 한번 더 복습합니다.

읽는 법과 뜻
☐ がくせい 학생
☐ れいぞうこ 냉장고
☐ みそ 된장
☐ つくる 만들다
☐ ビール 맥주
☐ メニュー 메뉴
☐ ごはん 밥, 식사
☐ ビタミン 비타민
☐ ぎゅうにく 소고기
☐ すいか 수박
☐ こめ 쌀
☐ たまねぎ 양파
☐ ワイン 와인
☐ りょうり 요리
☐ げんりょう 원료
☐ たべもの 음식
☐ きる 자르다
☐ こまかい 잘다, 자세하다
☐ ざいりょう 재료
☐ すくない 적다
☑ おちゃ 차
☐ やさい 채소
☐ まめ 콩

한자	읽는 법	의미
예 学生	がくせい	학생
冷蔵庫		
みそ		
作る		
ビール		
メニュー		
ご飯		
ビタミン		
牛肉		
すいか		
米		
たまねぎ		
ワイン		
料理		
原料		
食べ物		
切る		
細かい		
材料		
少ない		
お茶		
野菜		
豆		

挨拶ことばの意味

　私たちは 起きてから 夜寝るまで、毎日の 生活の なかで 何度も 挨拶を かわす。それは 習慣でもあるし、人との 関係を うまく 作って いくための 行動でもある。プレゼントを もらったり、親切に された ときは 感謝の 言葉を かける。尊敬したり、親しい 気持ちを こめて 丁寧な 言葉を 使う。時には 自分の 間違いを 謝ることで、相手との 関係を 良く しようと 努力する。長い 年月の 中で 作られてきた それらの 豊かな 言葉を 身につける ことが、社会の 中で 私たちが 大人になる ことだとも いえるだろう。どんな 言葉を どうやって 選んで 使うのか。私たちは まわりの 人たちの 行動を 見ながら それを 学んで いく。

인사말의 의미

　우리들은 아침에 일어나서부터 밤에 잠들 때까지, 매일 생활에서 몇 번이고 인사를 나눈다. 그건 습관이기도 하고, 인간관계를 잘 만들어가기 위한 행동이기도 하다. 선물을 받거나 친절을 베풀어 줬을 때 감사의 말을 전한다. 존경하거나, 친한 마음을 담아 공손한 말을 쓴다. 때로는 자신의 잘못을 사과하므로써, 상대와의 관계를 잘 유지하려고 노력한다. 긴 세월 속에서 만들어진 그 풍부한 말들을 몸에 익히는 것이, 사회 속에서 우리들이 어른이 된다는 것이라고도 말할 수 있을 것이다. 어떤 말을 어떻게 선택하여 사용하는가? 우리들은 주변의 사람의 행동을 보면서 그것을 배워간다.

MEMO

DAY

DAY 11 mp3

학교(1) –공부–

☐ 01 英語	☐ 02 会話	☐ 03 科学	☐ 04 書き方
☐ 05 課題	☐ 06 紙	☐ 07 漢字	☐ 08 消しゴム
☐ 09 研究	☐ 10 国語	☐ 11 作文	☐ 12 試験
☐ 13 辞書	☐ 14 質問	☐ 15 数学	☐ 16 説明
☐ 17 線	☐ 18 体育	☐ 19 チェック	☐ 20 地理
☐ 21 テキスト	☐ 22 日記	☐ 23 発音	☐ 24 復習
☐ 25 文法	☐ 26 勉強	☐ 27 問題	☐ 28 夢
☐ 29 予習	☐ 30 歴史	☐ 31 レポート	☐ 32 練習
☐ 33 覚える	☐ 34 知る	☐ 35 出す	☐ 36 直る
☐ 37 間違える	☐ 38 忘れる	☐ 39 易しい	☐ 40 複雑(な)
☐ 41 一生懸命(な)	☐ 42 うっかり		

DAY 11

01 ★

えいご
英語

[명] 영어

学校(がっこう)で (英語(えいご))を 勉強(べんきょう)しても 外国人(がいこくじん)と 話(はな)すのは 難(むずか)しい。

학교에서 영어를 공부해도 외국인과 이야기하는 것은 어렵다.

02

かいわ
会話

[명] [する] 회화

英語(えいご)は 文法(ぶんぽう)だけでなく (会話(かいわ))も 習(なら)って いる。

영어는 문법뿐만 아니라 회화도 배우고 있다.

03

かがく
科学

[명] 과학

高校(こうこう)では (科学(かがく))が 得意(とくい)な 科目(かもく)だった。

고등학교 때는 과학이 자신 있는 과목이었다.

04

かきかた
書き方

[명] 쓰는 법

たくさん 書(か)いて ひらがなの (書(か)き方(かた))を 覚(おぼ)える。

많이 쓰면서 히라가나 쓰는 법을 외운다.

05

かだい
課題

[명] 과제

チームを 作(つく)って 授業(じゅぎょう)の (課題(かだい))を する。

팀을 짜서 수업 과제를 한다.

---

06 ★★★ ⑱ ⑫

かみ
紙

[명] 종이

(紙(かみ))よりも タブレットで 本(ほん)を 読(よ)む。

종이보다 태블릿으로 책을 읽는다.

---

07 ★★

かんじ
漢字

[명] 한자

(漢字(かんじ))の 練習(れんしゅう)を するために ノートを 買(か)った。

한자 연습을 하기 위해 노트를 샀다.

08

け
消しゴム

[명] 지우개

ともだち　け　か
友達に (消しゴム)を 借りた。

친구에게 지우개를 빌렸다.

---

09 ★★★ [15] [12]

けんきゅう
研究

[명] [する] 연구

わたし　せんもん　とし けいかく　けんきゅう
私の 専門は、都市計画の (研究)です。

저의 전공은 도시 계획 연구입니다.

+ けんきゅうかい 研究会 연구회　けんきゅうしつ 研究室 연구실

10

こくご
国語

[명] 국어

こくご　きょうかしょ　あつ　おも
(国語)の 教科書は 厚くて 重い。

국어 교과서는 두껍고 무겁다.

11

さくぶん
作文

[명] [する] 작문

なつやす　おも で　さくぶん　か
夏休みの 思い出を (作文)に 書いた。

여름 방학의 추억을 작문으로 썼다.

---

12 ★★★

しけん
試験

[명] [する] 시험

きまつ　しけん　あさはや　お　べんきょう
期末 (試験)のために 朝早く 起きて 勉強する。

기말시험을 위해 아침 일찍 일어나 공부한다.

13

じしょ
辞書

[명] 사전

じしょ　れいぶん　み　たんご　つか かた　まな
(辞書)の 例文を 見て 単語の 使い方を 学ぶ。

사전의 예문을 보고 단어의 사용법을 배운다.

≒ じてん 辞典 사전

---

14 ★★★

しつもん
質問

[명] [する] 질문

て　あ　せんせい　しつもん
手を 挙げて 先生に (質問)した。

손을 들고 선생님께 질문했다.

15 ★★

すうがく
数学
[명] 수학

(数学)の 試験で 計算 ミスを して いないか 確認する。
수학 시험에서 계산을 잘못했는지 확인한다.

---

16 ★★★ [10]

せつめい
説明
[명] [する] 설명

修学旅行に ついて (説明)を 受けた。
수학여행에 관해 설명을 들었다.

[+] 説明会 설명회

17

せん
線
[명] 선, 줄

私は (線)が ない ノートを 使って いる。
나는 줄이 없는 무지 노트를 사용하고 있다.

[+] 線を引く 선을 긋다

---

18 ★

たいいく
体育
[명] 체육

体の 具合が 悪くて (体育)の 授業を 休んだ。
몸 상태가 나빠서 체육 수업을 쉬었다.

---

19 ★ [10]

チェック
[명] [する] 체크

毎朝 8時 50分に 出席の (チェック)を する。
매일 아침 8시 50분에 출석 체크를 한다.

---

20 ★★ [12]

ち り
地理
[명] 지리

(地理)の 授業で 学校の 周りの 地図を 作った。
지리 수업에서 학교 주변의 지도를 만들었다.

21

テキスト
[명] 텍스트, 교과서

新しい (テキスト)と 問題集を 買った。
새 교과서와 문제집을 샀다.

| 22 ★★★ ⑮ ⑪ □ □
にっき
日記
명 일기 | しょうがくせい ころ　　　　　　にっき　　か
小学生の 頃から ずっと (日記)を 書いて いる。
초등학생 때부터 쭉 일기를 쓰고 있다. |

| 23 □ □
はつおん
発音
명 する 발음 | こえ だ　　　えいご　　はつおん れんしゅう
声を 出して 英語の (発音) 練習を した。
소리를 내어 영어 발음 연습을 했다. |

| 24 ★★ □ □
ふくしゅう
復習
명 する 복습 | じゅぎょう あと　　ふくしゅう
授業の 後は (復習)を しっかりしましょう。
수업 후에는 복습을 확실히 합시다. |

| 25 □ □
ぶんぽう
文法
명 문법 | かんこくご　　にほんご　　ぶんぽう　に
韓国語と 日本語は (文法)が 似ている。
한국어와 일본어는 문법이 비슷하다. |

| 26 ★★ ⑫ □ □
べんきょう
勉強
명 する 공부 | だいがくじゅけん　とき　　にち　　じかん　べんきょう
大学受験の 時は 1日 10時間 (勉強)した。
대학 수험 때는 하루에 10시간 공부했다. |

| 27 ★ □ □
もんだい
問題
명 문제 | しけん　　みじか　じかん　　もんだい　と
試験では 短い 時間で (問題)を 解かなければならない。
시험에서는 짧은 시간에 문제를 풀지 않으면 안 된다. |

| 28 ★ □ □
ゆめ
夢
명 꿈 | しょうらい　ゆめ　　　　　どりょく
将来の (夢)のために 努力する。
장래의 꿈을 위해 노력한다. |

29 ★ □□

予習《よしゅう》

[명] [する] 예습

国語《こくご》の (予習《よしゅう》) ノートを うっかり 家《いえ》に 忘《わす》れた。
국어 예습 노트를 깜빡 집에 두고 와 버렸다.

↔ 復習《ふくしゅう》 복습

---

30 □□

歴史《れきし》

[명] 역사

外国語《がいこくご》と その 国《くに》の (歴史《れきし》)を 一緒《いっしょ》に 学《まな》んで いる。
외국어와 그 나라의 역사를 함께 배우고 있다.

---

31 □□

レポート

[명] 리포트

明日《あした》までに 4000字《じ》の (レポート)を 2つ 出《だ》さなくては ならない。
내일까지 4000자 분량의 리포트를 2개 제출해야 한다.

---

32 ★★ □□

練習《れんしゅう》

[명] [する] 연습

音楽《おんがく》の 授業《じゅぎょう》で 合唱《がっしょう》の (練習《れんしゅう》)を した。
음악 수업에서 합창 연습을 했다.

---

33 ★★ ⑫ □□

覚《おぼ》える

[동] 익히다, 외우다

単語《たんご》を 何度《なんど》も ノートに 書《か》いて (覚《おぼ》える)。
단어를 몇 번이고 노트에 적으며 외운다.

---

34 □□

知《し》る

[동] 알다

(知《し》らない) 漢字《かんじ》を 見《み》たら、読《よ》み方《かた》を 調《しら》べる。
모르는 한자를 보면 읽는 방법을 찾아본다.

---

35 □□

出《だ》す

[동] 내다, 제출하다
(편지 등을) 보내다, 부치다

一生懸命《いっしょうけんめい》 書《か》いた レポートを (出《だ》した)。
열심히 쓴 리포트를 제출했다.

両親《りょうしん》に 小包《こづつみ》を 速達《そくたつ》で (出《だ》した)。
부모님께 소포를 속달로 보냈다.

36
なお
直る
동 고쳐지다

パソコンが (直る)まで 2週間 かかった。
컴퓨터가 고쳐질 때까지 2주간 걸렸다.

37
ま ちが
間違える
동 잘못하다, 잘못 알다

電話番号を (間違えて) 書いて しまった。
전화번호를 잘못 써 버렸다.

38
わす
忘れる
동 잊다, (물건을) 잊고 두고
오다

覚えても すぐに (忘れて) しまう。
외워도 금방 잊어버린다.
＋ 忘れ物 잊은 물건, 분실물

39 ★
やさ
易しい
イ 쉽다, 용이하다

今回の 国語の 試験は (易しかった)。
이번 국어 시험은 쉬웠다.
＋ 優しい 상냥하다

40 ★
ふくざつ
複雑(な)
ナ 명 복잡(한)

物理の 問題では (複雑な) 計算が 出た。
물리 문제에서는 복잡한 계산이 나왔다.

41
いっしょうけんめい
一生懸命(な)
ナ 명 매우 열심(인)

彼は どんな 時も (一生懸命な) 人だ。
그는 어떤 때라도 열심인 사람이다.

42
うっかり
부 する 깜빡, 무심코

(うっかり) ミスを しないように 何度も チェックして
ください。
깜빡 실수를 하지 않도록 몇 번이고 체크해 주세요.

실전모의고사로 실력을 한 번 더 확인하세요. www.sisabooks.com에서 다운가능!!!

1 해당 어휘의 음독을 찾고, 빈칸에 의미를 적으세요.

예	学生	✓ がくせい	② がっせい	학생

1	試験	① しけん	② じけん	_____
2	紙	① がみ	② かみ	_____
3	研究	① けんきゅう	② けんきゅ	_____
4	覚える	① おぼえる	② まちがえる	_____
5	易しい	① むずかしい	② やさしい	_____

2 문맥에 맞는 단어를 골라, 알맞은 형태로 만드세요. `표제어 번호`

6 ( )漢字を 見たら、読み方を 調べる。 `34`

7 一生懸命 書いた レポートを ( )。 `35`

8 パソコンが ( )まで 2週間 かかった。 `36`

9 ( )ミスを しないように 何度も チェックして ください。 `42`

10 覚えても すぐに ( ) しまう。 `38`

直る うっかり 知らない 出す 忘れる

고득점 어휘

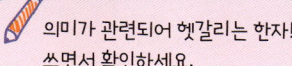

의미가 관련되어 헷갈리는 한자!
쓰면서 확인하세요.

틀리기 쉬운 한자 - 의미 3

예 深 깊을 심	ふか 深い ⑫ ⑮ 깊다	ふか 深い 깊다	ふか 深い 깊다	ふか 深い 깊다	ふか 深い 깊다
浅 얕을 천	あさ 浅い 얕다				
広 넓을 광	ひろ 広い 넓다				
狭 좁을 협	せま 狭い 좁다				
明 밝을 명	あか 明るい ⑫ 밝다				
暗 어두울 암	くら 暗い ⑫ ⑬ ⑭ ⑱ 어둡다				
暑 더울 서	あつ 暑い 덥다				
寒 찰 한	さむ 寒い 춥다				
短 짧을 단	みじか 短い 짧다				
長 길 장	なが 長い 길다				

て형・た형에 접속하는 문형

ている	~하고 있다
	今 図書館で 本を 読んで います。 지금 도서관에서 책을 읽고 있습니다.
てしまう	~해버리다
	高い 花びんを 割って しまいました。　비싼 꽃병을 깨버렸습니다.
てから	~고 나서
	授業が 終わって から 友達に 会いに 行きます。 수업이 끝나고 나서 친구를 만나러 갑니다.
てみる	~해보다
	私も よく 分からないから 先輩に 聞いて みます。 나도 잘 모르니까 선배에게 물어보겠습니다.
ておく	~해놓다, 해두다
	ドアを 開けて おきましたか？　문을 열어두었습니까?
てください	~해주세요
	すみません、ちょっと 待って ください。　죄송합니다. 잠깐 기다려주세요.
たことがある	~한 적이 있다
	フランスには 一度 行った ことが ある。　프랑스에는 한 번 간 적이 있다.
たとおり	~한 대로
	試験は 思ったとおり 難しかったです。 시험은 생각한 대로 어려웠습니다.
たり たり する	~하거나 ~하거나 한다
	週末は 買い物を したり 映画を 見たり します。 주말은 쇼핑을 하거나 영화를 보거나 합니다.
たまま	~한 채로
	窓を 開けたまま 寝て しまいました。 창문을 연 채로 자버리고 말았습니다.
た ほうが いい	~하는 편이 좋다
	無理しないで 休んだ ほうが いいですよ。　무리하지 말고 쉬는 편이 좋아요.

아래의 단어를 보고 읽는 법과 뜻을 적어 본 후 점선대로 접어서 답을 확인해 봅시다.
틀린 단어는 뒷 페이지 ☐에 V표시를 해 봅시다.

접는 선

✏️ 접으면 답을
확인할 수 있어요.

단어	읽는 법과 뜻	
学生	がくせい	학생
直る		
勉強		
科学		
夢		
問題		
発音		
復習		
複雑(な)		
説明		
数学		
易しい		
試験		
研究		
練習		
覚える		
日記		
忘れる		
作文		
紙		
地理		
質問		
漢字		

– 나가노 야생원숭이 온천 –

예처럼 빈칸을 채우면서 다시 한번
체크해 봅시다.

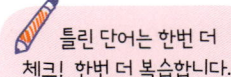 틀린 단어는 한번 더
체크! 한번 더 복습합니다.

읽는 법과 뜻
☐ がくせい 학생
☐ なおる 고쳐지다
☐ べんきょう 공부
☐ かがく 과학
☐ ゆめ 꿈
☐ もんだい 문제
☐ はつおん 발음
☐ ふくしゅう 복습
☐ ふくざつ(な) 복잡(한)
☐ せつめい 설명
☐ すうがく 수학
☐ やさしい 쉽다, 용이하다
☐ しけん 시험
☐ けんきゅう 연구
☐ れんしゅう 연습
☐ おぼえる 익히다, 외우다
☐ にっき 일기
☐ わすれる 잊다, 잊고 두고 오다
☐ さくぶん 작문
☐ かみ 종이
☐ ちり 지리
☐ しつもん 질문
☐ かんじ 한자

한자	읽는 법	의미
예 学生	がくせい	학생
直る		
勉強		
科学		
夢		
問題		
発音		
復習		
複雑(な)		
説明		
数学		
易しい		
試験		
研究		
練習		
覚える		
日記		
忘れる		
作文		
紙		
地理		
質問		
漢字		

DAY 12 mp3

학교(2) –생활–

알고 있는 단어를 체크해 봅시다.

☐ 01 学部	☐ 02 規則	☐ 03 教育	☐ 04 教師
☐ 05 教室	☐ 06 クラブ	☐ 07 下宿	☐ 08 講義
☐ 09 校長	☐ 10 講堂	☐ 11 後輩	☐ 12 黒板
☐ 13 授業	☐ 14 出席	☐ 15 小学校	☐ 16 卒業
☐ 17 机	☐ 18 図書館	☐ 19 夏休み	☐ 20 入学
☐ 21 ベル	☐ 22 急ぐ	☐ 23 受かる	☐ 24 受ける
☐ 25 教える	☐ 26 返す	☐ 27 貸す	☐ 28 通う
☐ 29 借りる	☐ 30 育てる	☐ 31 習う	☐ 32 鳴る
☐ 33 始まる	☐ 34 始める	☐ 35 ほめる	

01 　　

がくぶ
学部
명 학부

(学部)を 決めたのは 高校 3年生の 時だ。

학부를 정한 것은 고등학교 3학년 때이다.

---

02 ★★ 　　

き そく
規則
명 규칙

学校の (規則)を 守って 生活しよう。

학교의 규칙을 지키면서 생활하자.

➕ ルール 룰, 규칙

03 　　

きょういく
教育
명 **する** 교육

家庭での (教育)と 学校での 教育、どちらも 大事だ。

가정에서의 교육과 학교에서의 교육, 어느 쪽도 중요하다.

04 　　

きょう し
教師
명 교사

教育学部には (教師)に なるための コースが ある。

교육학부에는 교사가 되기 위한 코스가 있다.

05 　　

きょうしつ
教室
명 교실

授業に よって (教室)を 移動する。

수업에 따라 교실을 이동한다.

06 　　

クラブ
명 클럽, 동아리

放課後は (クラブ)での 活動を する 時間だ。

방과 후는 동아리 활동을 하는 시간이다.

07 　　

げ しゅく
下宿
명 **する** 하숙

昔の 大学生は (下宿)に 住んだらしい。

옛날 대학생은 하숙을 했던 것 같다.

08
こう ぎ
講義
명 する 강의

90分の (講義)を 毎日 5つ 受ける。
90분 강의를 매일 5개 듣는다.

09
こうちょう
校長
명 교장

中学では 卒業前に (校長)先生と 面談を した。
중학교 때는 졸업 전에 교장 선생님과 면담을 했다.

10
こうどう
講堂
명 강당

(講堂)で 教授の 講演会が ある。
강당에서 교수의 강연회가 있다.

11
こうはい
後輩
명 후배

1年生の 時の 教科書を (後輩)に あげた。
1학년 때의 교과서를 후배에게 주었다.
↔ 先輩 선배

12
こくばん
黒板
명 칠판

(黒板)に チョークで 字を 書いた。
칠판에 분필로 글씨를 썼다.

13 ★★★
じゅぎょう
授業
명 する 수업

(授業)の 時は 一番前の 席に 座る。
수업 때는 가장 앞자리에 앉는다.

14 ★
しゅっせき
出席
명 する 출석

授業の 前に 先生が (出席)を とる。
수업 전에 선생님이 출석을 부르신다.

15

しょうがっこう
小学校
[명] 초등학교

(小学校)の 校庭で サッカーを した。
초등학교 교정에서 축구를 했다.
[+] 中学校(ちゅうがっこう) 중학교　高校(こうこう) 고등학교

---

16 ★★★

そつぎょう
卒業
[명] [する] 졸업

高校を (卒業)する 前に みんなで 旅行した。
고등학교를 졸업하기 전에 다 함께 여행을 했다.
[+] 卒業式(そつぎょうしき) 졸업식　論文(ろんぶん) 논문

---

17 ★★ ⑫

つくえ
机
[명] 책상

パソコン用の (机)を 買った。
컴퓨터용 책상을 샀다.

---

18 ★★

としょかん
図書館
[명] 도서관

大学の (図書館)は 勉強するのに いい 環境だ。
대학 도서관은 공부하기에 좋은 환경이다.

19

なつやす
夏休み
[명] 여름방학

試験が 終われば すぐに (夏休み)に なる。
시험이 끝나면 바로 여름 방학이 된다.
[+] 冬休み(ふゆやす) 겨울방학　連休(れんきゅう) 연휴　ゴールデンウィーク 골든 위크

20

にゅうがく
入学
[명] [する] 입학

(入学)する 前に クラス分け テストが ある。
입학하기 전에 반 편성 시험이 있다.
[+] 入学式(にゅうがくしき) 입학식

21

ベル
[명] 벨

昼休みの (ベル)が なると 急に にぎやかに なる。
점심시간 종이 울리면 갑자기 떠들썩해진다.

22 ★★★ ⑮ ⑬ □□

急(いそ)ぐ

[동] 서두르다

遅刻(ちこく)しない ように 出勤(しゅっきん)の 準備(じゅんび)を (急(いそ)いだ)。
지각하지 않도록 출근 준비를 서둘렀다.

---

23 ★ □□

受(う)かる

[동] (시험에) 합격하다

息子(むすこ)が 中学受験(ちゅうがくじゅけん)に (受(う)かった)。
아들이 중학교 시험에 합격했다.

---

24 ★ □□

受(う)ける

[동] 받다, (시험을) 치르다

今日(きょう)は 数学(すうがく)と 美術(びじゅつ)の 試験(しけん)を (受(う)けた)。
오늘은 수학과 미술 시험을 봤다.

---

25 ★ ⑪ □□

教(おし)える

[동] 가르치다

私(わたし)は 家庭教師(かていきょうし)の アルバイトで 英語(えいご)を (教(おし)えて) いる。
나는 가정 교사(과외) 아르바이트로 영어를 가르치고 있다.

---

26 ★★ □□

返(かえ)す

[동] 돌려주다, 반납하다

図書館(としょかん)に 本(ほん)を (返(かえ)す)のが 遅(おそ)く なって しまった。
도서관에 책을 반납하는 것이 늦어져 버렸다.

---

27 ★★★ ⑮ □□

貸(か)す

[동] 빌려주다

友達(ともだち)に ノートを (貸(か)した)。
친구에게 노트를 빌려줬다.

---

28 ★ □□

通(かよ)う

[동] 다니다

多(おお)くの 受験生(じゅけんせい)が 塾(じゅく)に (通(かよ)う)。
많은 수험생이 학원에 다닌다.

29 ★ □□

借(か)りる

[동] 빌리다

お金(かね)を 貸(か)したり (借(か)りたり) するのは よく ない。

돈을 빌려주거나 빌리거나 하는 것은 좋지 않다.

---

30 ★★★ [13] [12] □□

育(そだ)てる

[동] 키우다

生物(せいぶつ)の 課題(かだい)で 植物(しょくぶつ)を (育(そだ)てて) いる。

생물 과제로 식물을 키우고 있다.

---

31 ★★ [14] □□

習(なら)う

[동] 배우다

週(しゅう)に 2回(かい) 絵(え)を (習(なら)って) いる。

주 2회 그림을 배우고 있다.

---

32 ★★ [10] □□

鳴(な)る

[동] 울리다

授業開始(じゅぎょうかいし)の ベルが (鳴(な)った)。

수업 시작 종이 울렸다.

---

33 ★★ [12] □□

始(はじ)まる

[동] 시작되다

4月(がつ)から 新学期(しんがっき)が (始(はじ)まる)。

4월부터 신학기가 시작된다.

---

34 ★ [12] □□

始(はじ)める

[동] 시작하다

家(いえ)に 帰(かえ)って すぐに 試験勉強(しけんべんきょう)を (始(はじ)めた)。

집에 돌아가 바로 시험공부를 시작했다.

---

35 ★★★ [13] [11] □□

ほめる

[동] 칭찬하다

子(こ)どもは (ほめて) 育(そだ)てたい。

아이는 칭찬하면서 키우고 싶다.

실전모의고사로 실력을 한 번 더 확인하세요. www.sisabooks.com에서 다운가능!!!

1 해당 어휘의 음독을 찾고, 빈칸에 의미를 적으세요.

| 예 | 学生 | ✓がくせい ②がっせい | 학생 |

1	育てる	① そだてる ② まてる	_____
2	授業	① じゅぎょう ② じゅうぎょう	_____
3	借りる	① おりる ② かりる	_____
4	出席	① しゅつせき ② しゅっせき	_____
5	急ぐ	① いそぐ ② はやぐ	_____

2 문맥에 맞는 단어를 골라, 알맞은 형태로 만드세요. 표제어 번호

6 週に 2回 絵を ( )いる。 **31**

7 多くの 受験生が 塾に ( )。 **28**

8 4月から 新学期が ( )。 **33**

9 図書館に 本を ( )のが 遅く なって しまった。 **26**

10 子どもは ( )育てたい。 **35**

習う　返す　通う　ほめる　始まる

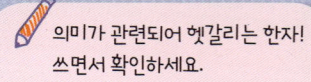

의미가 관련되어 헷갈리는 한자!
쓰면서 확인하세요.

틀리기 쉬운 한자 - 의미 4

예 低	低い	低い	低い	低い	低い
낮을 저	낮다	낮다	낮다	낮다	낮다
高	高い				
높을 고	높다				
弱	弱い ⑱				
약할 약	약하다				
強	強い				
셀 강	강하다				
習	習う ⑰				
익힐 습	배우다				
学	学ぶ				
배울 학	배우다				
音	音				
소리 음	소리, 음				
声	声				
소리 성	(목)소리				
林	林				
수풀 림	숲				
森	森				
수풀 삼	수풀, 삼림				

아래의 단어를 보고 읽는 법과 뜻을 적어 본 후 점선대로 접어서 답을 확인해 봅시다.
틀린 단어는 뒷 페이지 ☐에 V표시를 해 봅시다.

접는 선

✏️ 접으면 답을 확인할 수 있어요.

단어	읽는 법과 뜻	
学生	がくせい	학생
規則		
受かる		
教える		
教室		
教育		
通う		
図書館		
返す		
受ける		
習う		
貸す		
借りる		
急ぐ		
授業		
始める		
鳴る		
卒業		
机		
出席		
ほめる		
育てる		
後輩		

— 오키나와 —

예처럼 빈칸을 채우면서 다시 한번
체크해 봅시다.

틀린 단어는 한번 더
체크! 한번 더 복습합니다.

읽는 법과 뜻
☐ がくせい 학생
☐ きそく 규칙
☐ うかる (시험에) 합격하다
☐ おしえる 가르치다
☐ きょうしつ 교실
☐ きょういく 교육
☐ かよう 다니다
☐ としょかん 도서관
☐ かえす 돌려주다, 반납하다
☐ うける 받다, (시험을) 치르다
☐ ならう 배우다
☐ かす 빌려주다
☐ かりる 빌리다
☐ いそぐ 서두르다
☐ じゅぎょう 수업
☐ はじめる 시작하다
☐ なる 울리다
☐ そつぎょう 졸업
☐ つくえ 책상
☐ しゅっせき 출석
☐ ほめる 칭찬하다
☐ そだてる 키우다
☐ こうはい 후배

한자	읽는 법	의미
예 学生	がくせい	학생
規則		
受かる		
教える		
教室		
教育		
通う		
図書館		
返す		
受ける		
習う		
貸す		
借りる		
急ぐ		
授業		
始める		
鳴る		
卒業		
机		
出席		
ほめる		
育てる		
後輩		

DAY

회사(1) -일-

☐ 01 アイデア	☐ 02 アナウンサー	☐ 03 アルバイト	☐ 04 駅員
☐ 05 会議	☐ 06 会社	☐ 07 画家	☐ 08 係
☐ 09 カタログ	☐ 10 技術	☐ 11 公務員	☐ 12 コピー
☐ 13 サイン	☐ 14 仕事	☐ 15 事務所	☐ 16 社員
☐ 17 書類	☐ 18 スイッチ	☐ 19 店員	☐ 20 パート
☐ 21 配達	☐ 22 パンフレット	☐ 23 引き出し	☐ 24 ファイル
☐ 25 ファックス	☐ 26 ふうとう	☐ 27 返事	☐ 28 ポスター
☐ 29 翻訳	☐ 30 用意	☐ 31 受け取る	☐ 32 直す
☐ 33 運ぶ	☐ 34 はる	☐ 35 渡す	

01 ★ ⑩
アイデア
名 아이디어

会議では 個性的な (アイデア)が たくさん 出た。
회의에서는 개성적인 아이디어가 많이 나왔다.

02
アナウンサー
名 아나운서

(アナウンサー)を 目指して 発音練習を 行う。
아나운서를 목표로 발음 연습을 한다.

---

03 ★★ ⑭ ⑬
アルバイト
名 する 아르바이트

学費を 稼ぐために (アルバイト)を している。
학비를 벌기 위해 아르바이트를 하고 있다.

---

04 ★★ ⑬
えきいん
駅員
名 역무원

どの 電車に 乗れば いいか (駅員)に 聞いた。
어느 전철을 타면 될지 역무원에게 물었다.

---

05 ★★
かい ぎ
会議
名 する 회의

資料を コピーして (会議)に 備えた。
자료를 복사해서 회의에 대비했다.
＋ 会議室 회의실

06
かいしゃ
会社
名 회사

(会社)の 設立 パーティーに 出席した。
회사 설립 파티에 참석했다.
＋ 会社員 회사원

07
が か
画家
名 화가

将来は (画家)として 油絵を 描きたい。
장래에는 화가로서 유화를 그리고 싶다.

---

08 ★★ ⑭ □□ 係 かかり 명 담당(자)	2年間通訳ボランティアの (係) として 活動した。 ねんかんつうやく　かかり　かつどう 2년간 통역 자원봉사 담당자로서 활동했다.
09 □□ カタログ 명 카탈로그	インテリアの (カタログ)に のせる 写真を 撮った。 しゃしん　と 인테리어 카탈로그에 실을 사진을 찍었다.
10 ★★ □□ 技術 ぎじゅつ 명 기술	この 博物館では 科学(技術)の 発展を 見る ことが はくぶつかん　かがく　ぎじゅつ　はってん　み できる。 이 박물관에서는 과학 기술 발전을 볼 수 있다.
11 □□ 公務員 こうむいん 명 공무원	区役所で (公務員)として 働いて いる。 くやくしょ　こうむいん　はたら 구청에서 공무원으로 일하고 있다.
12 □□ コピー 명 する 복사	デジタル化に より 紙に (コピー)する ことは 減った。 か　かみ　へ 디지털화에 의해 종이에 복사하는 일은 줄었다.
13 □□ サイン 명 する 사인, 서명	上司の (サイン)を もらって 書類を 完成させた。 じょうし　しょるい　かんせい 상사의 서명을 받아 서류를 완성시켰다.
14 ★ ⑫ □□ 仕事 しごと 명 する 일	(仕事)が ない 日は 何を して 過ごしますか。 しごと　ひ　なに　す 일이 없는 날은 무엇을 하며 보내나요?

15 □□

じむしょ
事務所
[명] 사무실

(事務所(じむしょ))までの 出勤時間(しゅっきんじかん)は 電車(でんしゃ)で 40分(ぷん)です。
사무실까지의 출근 시간은 전철로 40분입니다.

---

16 □□

しゃいん
社員
[명] 사원

毎年(まいとし) (社員(しゃいん))の 数(かず)が 増(ふ)え続(つづ)けている。
매년 사원수가 계속 증가하고 있다.

[+] 社長(しゃちょう) 사장　部長(ぶちょう) 부장　課長(かちょう) 과장

---

17 ★★ □□

しょるい
書類
[명] 서류

会社(かいしゃ)の (書類(しょるい))を 家(いえ)に 持(も)ち帰(かえ)っては いけない。
회사 서류를 집으로 가지고 돌아가서는 안 된다.

---

18 ★★★ ⑬ ⑫ □□

スイッチ
[명] 스위치

会社(かいしゃ)の コンピューターは (スイッチ) 1つで 管理(かんり)できる。
회사 컴퓨터는 스위치 하나로 관리할 수 있다.

---

19 ★★ ⑪ □□

てんいん
店員
[명] 점원

近(ちか)くの コンビニで (店員(てんいん))を 募集(ぼしゅう)して いる。
근처 편의점 점원을 모집하고 있다.

[+] 店長(てんちょう) 점장

---

20 □□

パート
[명] 파트, 파트타이머, 시간제 근무

子(こ)どもが 小学校(しょうがっこう)に 入(はい)るまでは (パート)で 働(はたら)いた。
아이가 초등학교에 들어갈 때까지는 파트타이머로 일했다.

[≒] パートタイム　파트타임, 시간제 근무
パートタイマー　파트타이머, 시간제 근무자

---

21 □□

はいたつ
配達
[명] [する] 배달

アルバイトで ピザの (配達(はいたつ))を して いる。
아르바이트로 피자 배달을 하고 있다.

22 ☐☐	学校の (パンフレット)に 学部の 情報を 載せる。
パンフレット 명 팸플릿	학교 팸플릿에 학부에 관한 정보를 게재한다.

23 ☐☐	ロッカーの 鍵は (引き出し)の 一番上に 入って います。
引き出し 명 서랍, 인출	사물함 열쇠는 서랍 제일 위에 들어 있어요.

24 ☐☐	契約書は (ファイル)に まとめて 保管する。
ファイル 명 파일	계약서는 파일로 정리해서 보관한다.

25 ☐☐	見積もりを (ファックス)で 送った。
ファックス 명 팩스	견적서를 팩스로 보냈다.

26 ☐☐	会社の (ふうとう)に 会議で 使う 書類を 入れた。
ふうとう 명 봉투	회사 봉투에 회의에서 사용할 서류를 넣었다.

27 ★★ ☐☐	メールを 送ったが まだ (返事)が ない。
返事 명 する 답장, 대답	메일을 보냈는데 아직 답변이 없다.

28 ☐☐	社内 イベントの (ポスター)を 食堂に はりました。
ポスター 명 포스터	사내 이벤트 포스터를 식당에 붙였습니다.

29 ほんやく **翻訳** [명][する] 번역	(翻訳)は 社外の 専門家に 依頼する。 번역은 회사 밖의 전문가에게 의뢰한다.
30 ★★ よう い **用意** [명][する] 준비	来週の プレゼンテーションの (用意)を して おいた。 다음 주 프레젠테이션 준비를 해 두었다.
31 ★★ う と **受け取る** [동] 받다, 수취하다	予約して いた 商品を (受け取り)に 行った。 예약해 둔 상품을 받으러 갔다.
32 ★★★ ⑫ なお **直す** [동] 고치다, 수리하다, 회복하다	間違えて 入力した 部分を (直した)。 잘못 입력한 부분을 수정했다.
33 ★★ ⑩ はこ **運ぶ** [동] 나르다, 운반하다	新しい 部署に 自分の 荷物を (運んだ)。 새 부서로 자신의 짐을 날랐다.
34 **はる** [동] 붙이다	書類に 写真を (はって) 提出した。 서류에 사진을 붙여 제출했다.
35 ★ ⑫ わた **渡す** [동] 건네주다, 넘겨주다	お客さんに 記念品を 渡しました。 고객에게 기념품을 건네주었습니다. わた [자] 渡る 건너다

실전모의고사로 실력을 한 번 더 확인하세요. www.sisabooks.com에서 다운가능!!!

1 해당 어휘의 음독을 찾고, 빈칸에 의미를 적으세요.

예	学生	✓① がくせい	② がっせい	학생

1	運ぶ	① はこぶ	② よぶ	
2	返事	① へんじ	② へんし	
3	店員	① てんにん	② てんいん	
4	技術	① ぎじゅつ	② きじゅつ	
5	会議	① かいぎ	② かいき	

2 문맥에 맞는 단어를 골라, 알맞은 형태로 만드세요. 표제어 번호

6 書類に 写真を (　　　　　)提出した。 **34**

7 来週の プレゼンテーションの (　　　　　)を して おいた。 **30**

8 ロッカーの 鍵は (　　　　　)の 一番上に 入って います。 **23**

9 間違えて 入力した 部分を (　　　　　)。 **32**

10 メールを 送ったが まだ (　　　　　)が ない。 **27**

返事	はる	直す	用意	引き出し

1 ① 나르다, 운반하다 2 ① 답장, 대답 3 ② 점원 4 ① 기술 5 ① 회의
6 はって 7 用意 8 引き出し 9 直した 10 返事

의미가 관련되어 헷갈리는 한자!
쓰면서 확인하세요.

틀리기 쉬운 한자 - 의미 5

예					
兄 형 형	あに 兄 형, 오빠	あに 兄 형, 오빠	あに 兄 형, 오빠	あに 兄 형, 오빠	あに 兄 형, 오빠
弟 아우 제	おとうと 弟 남동생				
姉 윗누이 자	あね 姉 누나, 언니				
妹 누이 매	いもうと 妹 여동생				
売 팔 매	う 売る 팔다				
買 살 매	か 買う 사다				
頭 머리 두	あたま 頭 머리				
指 가리킬 지	ゆび 指 손가락				
顔 낯 안	かお 顔 ⑱ 얼굴				
肩 어깨 견	かた 肩 어깨				

아래의 단어를 보고 읽는 법과 뜻을 적어 본 후 점선대로 접어서 답을 확인해 봅시다.
틀린 단어는 뒷 페이지 □에 V표시를 해 봅시다.

접는 선

접으면 답을
확인할 수 있어요.

단어	읽는 법과 뜻	
学生	がくせい	학생
渡す		
直す		
公務員		
技術		
運ぶ		
係		
返事		
受け取る		
配達		
翻訳		
ふうとう		
事務所		
社員		
引き出し		
書類		
駅員		
仕事		
店員		
用意		
画家		
会社		
会議		

ー 도쿄 타워 ー

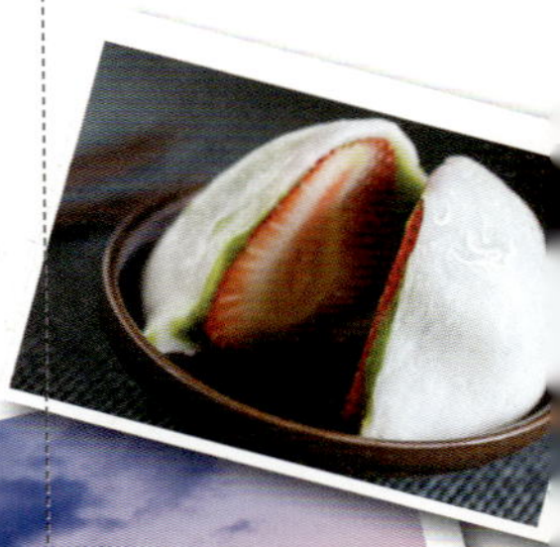

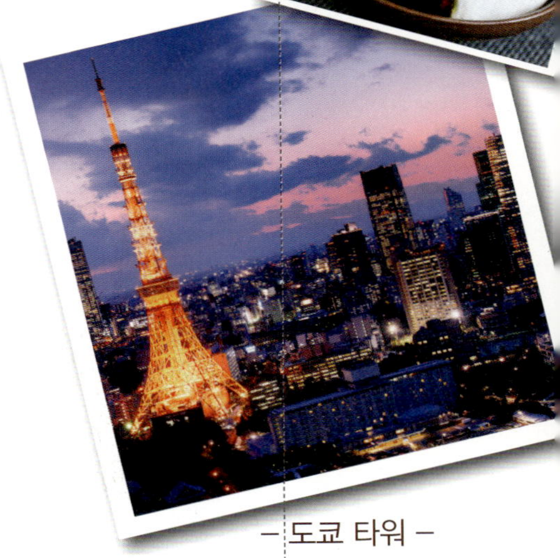

예처럼 빈칸을 채우면서 다시 한번 체크해 봅시다.

틀린 단어는 한번 더 체크! 한번 더 복습합니다.

읽는 법과 뜻
☐ がくせい 학생
☐ わたす 건네다, 넘기다
☐ なおす 고치다, 수리하다
☐ こうむいん 공무원
☐ ぎじゅつ 기술
☐ はこぶ 나르다, 운반하다
☐ かかり 담당(자)
☐ へんじ 답장, 대답
☐ うけとる 받다, 수취하다
☐ はいたつ 배달
☐ ほんやく 번역
☐ ふうとう 봉투
☐ じむしょ 사무실
☐ しゃいん 사원
☐ ひきだし 서랍, 인출
☐ しょるい 서류
☐ えきいん 역무원
☐ しごと 일
☐ てんいん 점원
☐ ようい 준비
☐ がか 화가
☐ かいしゃ 회사
☐ かいぎ 회의

한자	읽는 법	의미
예 学生	がくせい	학생
渡す		
直す		
公務員		
技術		
運ぶ		
係		
返事		
受け取る		
配達		
翻訳		
ふうとう		
事務所		
社員		
引き出し		
書類		
駅員		
仕事		
店員		
用意		
画家		
会社		
会議		

DAY

DAY 14 mp3

회사(2) -사회생활-

☐ 01 お知らせ	☐ 02 代わり(に)	☐ 03 機会	☐ 04 競争
☐ 05 結果	☐ 06 仕方	☐ 07 失敗	☐ 08 遅刻
☐ 09 チャンス	☐ 10 都合	☐ 11 目的	☐ 12 用事
☐ 13 理由	☐ 14 留守	☐ 15 わけ	☐ 16 空く
☐ 17 移す	☐ 18 移る	☐ 19 送る	☐ 20 行う
☐ 21 終わる	☐ 22 決まる	☐ 23 決める	☐ 24 探す
☐ 25 進む	☐ 26 済む	☐ 27 勤める	☐ 28 慣れる
☐ 29 働く	☐ 30 開く	☐ 31 寄る	☐ 32 忙しい
☐ 33 無理(な)	☐ 34 簡単(な)	☐ 35 役に立つ	

DAY 14

01 ★★

し
お知らせ

[명] 알림, 안내(문)

ねんまつねんし えいぎょうじかん し かくにん
年末年始の 営業時間は (お知らせ)を ご確認ください。

연말연시의 영업시간은 안내문을 확인해 주세요.

02

か
代わり(に)

[명] 대신(에)

じょうし か ほうこくしょ か
上司の (代わりに) 報告書を 書きました。

상사 대신 보고서를 썼습니다.

---

03 ★

きかい
機会

[명] 기회

じしゃ しょうひん しょうかい きかい
自社の 商品を 紹介する いい (機会)だ。

자사 상품을 소개할 좋은 기회다.

[+] 機械(きかい) 기계

---

04 ★★

きょうそう
競争

[명] [する] 경쟁

たしゃ きょうそう はげ
他社との (競争)が 激しく なる。

타사와의 경쟁이 심해진다.

---

05 ★★ [15]

けっか
結果

[명] 결과

けっか かてい じゅうし
(結果)は もちろん、過程を 重視する。

결과는 물론 과정을 중시한다.

06

しかた
仕方

[명] 하는 방법, 수단

しんにゅうしゃいん しごと しかた おし
新入社員に 仕事の (仕方)を 教えて いる。

신입사원에게 일하는 방법을 가르치고 있다.

[≒] やり方(かた) 하는 방법(태도)

---

07 ★★★ [12]

しっぱい
失敗

[명] [する] 실패

しっぱい せいこう
(失敗)は 成功の もとだ。

실패는 성공의 원인이다(실패는 성공의 어머니다).

08 ★★★ ⑪ ☐☐

ちこく
遅刻

[명] [する] 지각

会議に (遅刻)すると 先輩から 連絡が あった。
회의에 늦는다고 선배에게서 연락이 왔다.

[≒] 遅れる 늦다, 지각하다

---

09 ★ ⑮ ☐☐

チャンス

[명] 찬스, 기회

失敗を 成功への (チャンス)と 考える ことが 重要だ。
실패를 성공으로의 찬스라고 생각하는 것이 중요하다.

---

10 ★★ ⑫ ☐☐

つごう
都合

[명] 형편, 사정

明日は (都合)が 悪いですが、来週の 火曜日は 大丈夫です。
내일은 사정이 좋지 않지만, 다음주 화요일은 괜찮습니다.

---

11 ☐☐

もくてき
目的

[명] 목적

今回の 出張の (目的)は 工場の 見学だ。
이번 출장의 목적은 공장 견학이다.

---

12 ★★ ⑮ ☐☐

ようじ
用事

[명] 용무

会社の (用事)で 郵便局に 行った。
회사 용무로 우체국에 갔다.

---

13 ★★★ ⑮ ⑬ ☐☐

りゆう
理由

[명] 이유

なぜ 銀行で 働きたいのか (理由)を 聞かれた。
왜 은행에서 근무하고 싶은지 이유를 질문받았다.

---

14 ★★★ ⑮ ⑪ ☐☐

るす
留守

[명] 부재중

店を (留守)に しないように 順番で 食事に 出る。
가게를 비우지 않도록 돌아가며 식사하러 나간다.

15

わけ

[명] 이유

課長(かちょう)が 会社(かいしゃ)を 辞(や)めた (わけ)を 誰(だれ)も 知(し)らない。
과장님이 회사를 관둔 이유를 아무도 모른다.

16 ★

空(あ)く

[동] 비다

会議室(かいぎしつ)が (空(あ)く)まで 少々(しょうしょう) お待(ま)ちください。
회의실이 빌 때까지 조금 기다려 주세요.

17

移(うつ)す

[동] (다른 장소로) 옮기다,
(직장·직무 등을) 옮기다

輸入(ゆにゅう)した 商品(しょうひん)を 港(みなと)から 倉庫(そうこ)に (移(うつ)す)。
수입한 상품을 항구에서 창고로 옮긴다.

新人(しんじん)を 本社(ほんしゃ)から 店舗(てんぽ)に (移(うつ)した)。
신입을 본사에서 점포로 이동시켰다.

18

移(うつ)る

[동] (위치·장소·지위·소속 등이) 바뀌다, 옮기다

課長(かちょう)が支社(ししゃ)から本社(ほんしゃ)に (移(うつ)った) 。
과장님이 지사에서 본사로 이동했다.

19 ★★★ ⑭⑬⑩⑪

送(おく)る

[동] 보내다

商品代(しょうひんだい)を (送(おく)り)、確認(かくにん)の 連絡(れんらく)を した。
상품 대금을 보내고 확인 연락을 했다.

20

行(おこな)う

[동] 행하다

他社(たしゃ)と 合同事業(ごうどうじぎょう)を (行(おこな)う)。
다른 회사와 합동 사업을 한다.

21 ★ ⑭

終(お)わる

[동] 끝나다

仕事(しごと)が (終(お)わって) 飲(の)み会(かい)に 参加(さんか)した。
일이 끝나고 회식에 참석했다.

[+] 終(お)わり 끝

22 ★ ⑱ ⑩

き
決まる

[동] 정해지다, 결정되다

だいがく ねん はる しゅうしょくさき き
大学 4年の 春に 就職先が (決まった)。
대학 4학년 봄에 취직자리가 정해졌다.

23 ★ ⑬ ⑫

き
決める

[동] 정하다, 결정하다

あたら き
新しい プロジェクトの メンバーを (決めた)。
새 프로젝트 멤버를 정했다.

24 ★★ ⑬

さが
探す

[동] 찾다

ちょうき ひと さが
長期で アルバイトできる 人を (探して) いる。
장기로 아르바이트 할 수 있는 사람을 찾고 있다.

25 ★ ⑭ ⑩

すす
進む

[동] 진행되다

すす つぎ わたし ばん
プレゼンテーションが (進み)、次は 私の 番だ。
프레젠테이션이 진행되고 다음은 내 차례다.

26

す
済む

[동] 끝나다

しょくじ す か かいしゃ もど
食事が (済んだら) コーヒーを 買って 会社に 戻ります。
식사가 끝나면 커피를 사서 회사로 돌아오겠습니다.

27 ★

つと
勤める

[동] 근무하다

あに しんぶんしゃ つと
兄は 新聞社に (勤めて) いる。
형은 신문사에 근무하고 있다.

28 ⑬

な
慣れる

[동] 익숙해지다

にゅうしゃ ねんめ かいしゃ せいかつ な
入社 3年目で 会社の 生活にも (慣れて) きた。
입사 3년째로 회사 생활에도 익숙해졌다.

29 ★	20年 (働いた) 会社を 辞めて 独立した。
はたら **働く** 동 일하다	20년 일한 회사를 그만두고 독립했다. ➕ (~で)働く (~에서) 일하다　(~に)勤める (~에) 근무하다

30 ★ ⑬	① パスワードを 間違ったので メールが (開かない)。
ひら **開く** 동 ①열리다, 벌어지다 ②열다, 펴다, 개최하다	패스워드를 틀려서 메일이 열리지 않는다. ② 学生を 対象に、会社説明会を (開いた)。 학생을 대상으로 회사 설명회를 개최했다.

31 ★ ⑬	昨日は 取引先に (寄って)から 退勤した。
よ **寄る** 동 들르다	어제는 거래처에 들렀다가 퇴근했다.

32 ★	(忙しい)時こそ ミスしないように 気を付けよう。
いそが **忙しい** イ 바쁘다	바쁠 때야말로 실수하지 않도록 조심하자.

33	(無理な) 計画や スケジュールを 立てないように する。
む り **無理(な)** ナ 무리(인)	무리한 계획이나 스케줄을 세우지 않도록 한다.

34 ★★	インターンの 頃は (簡単な) 業務も 難しく 感じた。
かんたん **簡単(な)** ナ 간단(한)	인턴 때는 간단한 업무도 어렵게 느껴졌다.

35 ★★★	新人の 頃は ビジネスマナーの 本が (役に 立った)。
やく た **役に 立つ** 관 도움이 되다	신입 때는 비즈니스 매너 책이 도움이 되었다.

📋 확인해 볼까요?

실전모의고사로 실력을 한 번 더 확인하세요. www.sisabooks.com에서 다운가능!!!

1 해당 어휘의 음독을 찾고, 빈칸에 의미를 적으세요.

예	学生	✓① がくせい	② がっせい	학생

1	決める	① きめる	② あつめる	_____
2	機会	① ぎかい	② きかい	_____
3	働く	① はたらく	② うごく	_____
4	進む	① すすむ	② すむ	_____
5	送る	① うける	② おくる	_____

2 문맥에 맞는 단어를 골라, 알맞은 형태로 만드세요. 〔표제어 번호〕

6 新人の頃は ビジネスマナーの 本が (　　　　　)。 〔35〕

7 入社 3年目で 会社の 生活にも (　　　　　) きた。 〔28〕

8 店を (　　　　　)に しないように 順番で 食事に 出る。 〔14〕

9 年末年始の 営業時間の (　　　　　)を する。 〔01〕

10 長期で アルバイトできる 人を (　　　　　) いる。 〔24〕

留守	慣れる	役に立つ	探す	お知らせ

정답

1 ① 정하다　2 ② 기회　3 ① 일하다　4 ① 진행되다　5 ② 보내다
6 役に立った　7 慣れて　8 留守　9 お知らせ　10 探して

의미가 관련되어 헷갈리는 한자!
쓰면서 확인하세요.

틀리기 쉬운 한자 - 의미 6

예 米 쌀 미	こめ 米 쌀	こめ 米 쌀	こめ 米 쌀	こめ 米 쌀	こめ 米 쌀
麦 보리 맥	むぎ 麦 보리				
豆 콩 두	まめ 豆 콩				
遠 멀 원	とお 遠い ⑩ ⑮ 멀다				
近 가까울 근	ちか 近い 가깝다				
痛 아플 통	いた 痛い 아프다				
病 병 병	びょうき 病気 병				
答 대답 답	こた 答える 대답하다				
問 물을 문	と 問う 묻다				
調 고를 조	しら 調べる 조사하다				

아래의 단어를 보고 읽는 법과 뜻을 적어 본 후 점선대로 접어서 답을 확인해 봅시다.
틀린 단어는 뒷 페이지 ☐ 에 V표시를 해 봅시다.

접는 선

단어	읽는 법과 뜻	
学生	がくせい	학생
移る		
簡単(な)		
結果		
競争		
終わる		
寄る		
無理(な)		
忙しい		
送る		
留守		
空く		
失敗		
用事		
理由		
慣れる		
働く		
決める		
遅刻		
進む		
探す		
行う		
都合		

✏️ 접으면 답을
확인할 수 있어요.

— 도쿄 디즈니랜드 —

예처럼 빈칸을 채우면서 다시 한번
체크해 봅시다.

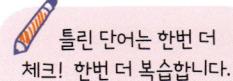
틀린 단어는 한번 더
체크! 한번 더 복습합니다.

읽는 법과 뜻	
☐	がくせい 학생
☐	うつる 바뀌다, 옮기다
☐	かんたん(な) 간단(한)
☐	けっか 결과
☐	きょうそう 경쟁
☐	おわる 끝나다
☐	よる 들르다
☐	むり(な) 무리(인)
☐	いそがしい 바쁘다
☐	おくる 보내다
☐	るす 부재 중
☐	あく 비다
☐	しっぱい 실패
☐	ようじ 용무
☐	りゆう 이유
☐	なれる 익숙해지다
☐	はたらく 일하다
☐	きめる 정하다
☐	ちこく 지각
☐	すすむ 진행되다
☐	さがす 찾다
☐	おこなう 행하다
☐	つごう 형편, 사정

한자	읽는 법	의미
예 学生	がくせい	학생
移る		
簡単(な)		
結果		
競争		
終わる		
寄る		
無理(な)		
忙しい		
送る		
留守		
空く		
失敗		
用事		
理由		
慣れる		
働く		
決める		
遅刻		
進む		
探す		
行う		
都合		

DAY  15

DAY 15 mp3

쇼핑과 경제

알고 있는 단어를 체크해 봅시다.

☐ 01 売り場	☐ 02 営業	☐ 03 オープン	☐ 04 おつり
☐ 05 お金持ち	☐ 06 銀行	☐ 07 経済	☐ 08 工業
☐ 09 工場	☐ 10 国産	☐ 11 サービス	☐ 12 産業
☐ 13 品物	☐ 14 製品	☐ 15 セール	☐ 16 貯金
☐ 17 電話代	☐ 18 日本製	☐ 19 値段	☐ 20 農業
☐ 21 売店	☐ 22 ふくろ	☐ 23 店	☐ 24 無料
☐ 25 料金	☐ 26 レジ	☐ 27 割引	☐ 28 入れる
☐ 29 売る	☐ 30 選ぶ	☐ 31 買う	☐ 32 閉まる
☐ 33 払う	☐ 34 見せる	☐ 35 安い	

01 ★★ ⑭ □□ う　ば **売り場** 명 매장	6階は 子ども服 (売り場) です。 かい　こ　ふく　う　ば 6층은 아동복 매장입니다.
02 ★★★ ⑱⑬⑩ □□ えいぎょう **営業** 명 する 영업	私は (営業)を 担当しています キムです。 わたし　えいぎょう　たんとう 저는 영업을 담당하고 있는 김입니다.
03 □□ **オープン** 명 する 오픈	この スーパーは 8時 (オープン)だ。 じ 이 슈퍼마켓은 8시 오픈이다.
04 □□ **おつり** 명 거스름돈	店員が (おつり)を 間違えた。 てんいん　まちが 점원이 거스름돈을 잘못 계산했다.
05 □□ かね　も **お金持ち** 명 부자	将来は (お金持ち)に なって、船を 買いたい。 しょうらい　かね　も　ふね　か 장래에는 부자가 되어 배를 사고 싶다.
06 □□ ぎんこう **銀行** 명 은행	毎日 売り上げを (銀行)に 持って 行く。 まいにち　う　あ　ぎんこう　も　い 매일 매상을 은행에 가지고 간다.
07 ★★ □□ けいざい **経済** 명 경제	毎朝 新聞で (経済)に 関する 記事を 読む。 まいあさ　しんぶん　けいざい　かん　きじ　よ 매일 아침 신문에서 경제에 관한 기사를 읽는다.

08
こうぎょう
工業
명 공업

ここは 工場の 多い (工業) 都市だ。
이곳은 공장이 많은 공업 도시이다.

---

09 ★★ ⑬
こうじょう
工場
명 공장

会社の (工場)は 海外に ある。
회사의 공장은 해외에 있다.

10
こくさん
国産
명 국산

私は 将来、(国産)の 車が 買いたい。
나는 장래에 국산 차를 사고 싶다.

11
サービス
명 서비스

この ホテルは (サービス)が いい。
이 호텔은 서비스가 좋다.

12
さんぎょう
産業
명 산업

このごろ AI(産業)が 盛んに なって いる。
요즘 AI산업이 번성하고 있다.

13
しなもの
品物
명 물건, 상품

母は (品物)を よく 見て 選ぶ。
어머니는 물건을 잘 보고 고르신다.

---

14 ★★
せいひん
製品
명 제품

安心できる (製品)を 作る ことが 大切だ。
안심할 수 있는 제품을 만드는 것이 중요하다.

---

15 ☐☐ **セール** 名 세일	(セール)期間中に 買い物したい。 세일 기간 중에 쇼핑하고 싶다.
16 ★★ ⑮☐☐ ちょきん **貯金** 名 する 저금	毎月 少しずつ (貯金)を している。 매월 조금씩 저금을 하고 있다. ➕ ちょきんばこ 貯金箱 저금통
17 ☐☐ でん わ だい **電話代** 名 전화 요금	今月は (電話代)が 2万円だった。 이번 달 전화 요금이 2만엔이었다. ➕ しゅう り だい すいどうだい 修理代 수리비 水道代 수도 요금
18 ☐☐ に ほんせい **日本製** 名 일본 제품, 일제	(日本製)の 文房具は 使いやすいが 高い。 일본제 문구는 사용하기 편하지만 비싸다.
19 ★ ☐☐ ね だん **値段** 名 가격	最近は ものの (値段)が 上がっている。 최근 물건 가격이 오르고 있다.
20 ☐☐ のうぎょう **農業** 名 농업	米や 野菜を 作る、(農業) 体験に 参加した。 쌀이나 채소를 기르는 농업 체험에 참가했다.
21 ☐☐ ばいてん **売店** 名 매점	駅の (売店)で お弁当を 買った。 역 매점에서 도시락을 샀다.

22 **ふくろ** 명 봉투	☐☐	店で 買った 商品を (ふくろ)に 入れた。 _{みせ} _か _{しょうひん} _い 가게에서 산 상품을 봉투에 넣었다.
23 _{みせ} **店** 명 가게	☐☐	よく 行く (店)で 食事を した。 _い _{みせ} _{しょくじ} 자주 가는 가게에서 식사를 했다.
24 ★ _{む りょう} **無料** 명 무료	☐☐	この旅館では、浴衣の レンタルは (無料)です。 _{りょかん} _{ゆかた} _{む りょう} 이 료칸(일본 전통 숙박시설)에서는 유카타 대여는 무료입니다.
25 ★★ _{りょうきん} **料金** 명 요금	☐☐	レストランでは 先に (料金)を 払う 店も ある。 _{さき} _{りょうきん} _{はら} _{みせ} 레스토랑 중에는 요금을 먼저 지불하는 곳도 있다.
26 **レジ** 명 레지스터, 계산대	☐☐	コンビニで (レジ)に 並んだ。 _{なら} 편의점에서 계산대에 줄을 섰다.
27 ★ _{わりびき} **割引** 명 する 할인	☐☐	この レストランは 今日から 50% (割引)です。 _{きょう} _{わりびき} 이 레스토랑은 오늘부터 50% 할인입니다.
28 ★ _い **入れる** 동 넣다, 담다	☐☐	スーパーで 商品を かごに (入れる)。 _{しょうひん} _い 슈퍼마켓에서 상품을 바구니에 넣는다.

29 ★★★ [15]

売(う)る

[동] 팔다

暑(あつ)い 日(ひ)は、飲(の)み物(もの)が よく (**売(う)れる**)。
더운 날은 음료수가 잘 팔린다.

---

30 ★

選(えら)ぶ

[동] 선택하다

メニューを (**選(えら)んで**)、注文(ちゅうもん)を する。
메뉴를 골라 주문을 한다.

---

31 ★

買(か)う

[동] 사다

父(ちち)は 新(あたら)しい 車(くるま)が (**買(か)いたい**)と 言(い)って いる。
아버지는 새 차를 사고 싶다고 말씀하신다.

32

閉(し)まる

[동] 닫히다

早(はや)く 行(い)かないと 店(みせ)が (**閉(し)まって**) しまう。
빨리 가지 않으면 가게 문이 닫히고 만다.

---

33 ★★ [11]

払(はら)う

[동] 지불하다

みんなから お金(かね)を 集(あつ)めて、スタジオの 料金(りょうきん)を (**払(はら)った**)。
모두의 돈을 모아 스튜디오 요금을 지불했다.

---

34 ★★★

見(み)せる

[동] 보여 주다

お客(きゃく)さんに 商品(しょうひん)を (**見(み)せながら**) 説明(せつめい)した。
고객에게 상품을 보여주면서 설명했다.

35

安(やす)い

[イ] 싸다

デパートで セールを して いた 服(ふく)を (**安(やす)く**) 買(か)った。
백화점에서 세일하고 있던 옷을 싸게 샀다.

실전모의고사로 실력을 한 번 더
확인하세요. www.sisabooks.com에서
다운가능!!!

1 해당 어휘의 음독을 찾고, 빈칸에 의미를 적으세요.

예	学生	✅ がくせい	② がっせい	학 생

1	選ぶ	① えらぶ	② はこぶ	_____
2	売る	① かりる	② うる	_____
3	値段	① ねだん	② かかく	_____
4	払う	① ひろう	② はらう	_____
5	無料	① むりょう	② むりょ	_____

2 문맥에 맞는 단어를 골라, 알맞은 형태로 만드세요. 표제어 번호

6 今月は (　　　　　　　)が 2万円だった。 **17**

7 お客さんに 商品を (　　　　　) 説明した。 **34**

8 早く 行かないと 店が (　　　　　) しまう。 **32**

9 スーパーで 商品を かごに (　　　　　　)。 **28**

10 6階は 子ども 服(　　　　　)です。 **01**

入れる	閉まる	電話代	見せる	売り場

고득점 어휘

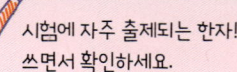

시험에 자주 출제되는 한자!
쓰면서 확인하세요.

빈출 명사 써보기

[예] 安心(あんしん) ⑫ ⑮	安心(あんしん)	安心(あんしん)	安心(あんしん)	安心(あんしん)	安心(あんしん)
안심	안심	안심	안심	안심	안심
営業(えいぎょう) ⑩ ⑬ ⑱					
영업					
世話(せわ) ⑬ ⑭ ⑯					
보살핌, 신세					
入院(にゅういん) ⑫ ⑯					
입원					
反対(はんたい) ⑫ ⑬					
반대					
研究(けんきゅう) ⑫ ⑮					
연구					
交通(こうつう) ⑫ ⑰					
교통					
日記(にっき) ⑪ ⑮					
일기					
予定(よてい) ⑫ ⑮					
예정					
理由(りゆう) ⑬ ⑮					
이유					

복습해 볼까요?

아래의 단어를 보고 읽는 법과 뜻을 적어 본 후 점선대로 접어서 답을 확인해 봅시다.
틀린 단어는 뒷 페이지 ☐에 V표시를 해 봅시다.

접는 선

접으면 답을 확인할 수 있어요.

단어	읽는 법과 뜻	
学生	がくせい	학생
売り場		
値段		
経済		
工場		
入れる		
農業		
閉まる		
売店		
無料		
品物		
買う		
産業		
選ぶ		
安い		
営業		
料金		
銀行		
貯金		
製品		
払う		
売る		
割引		

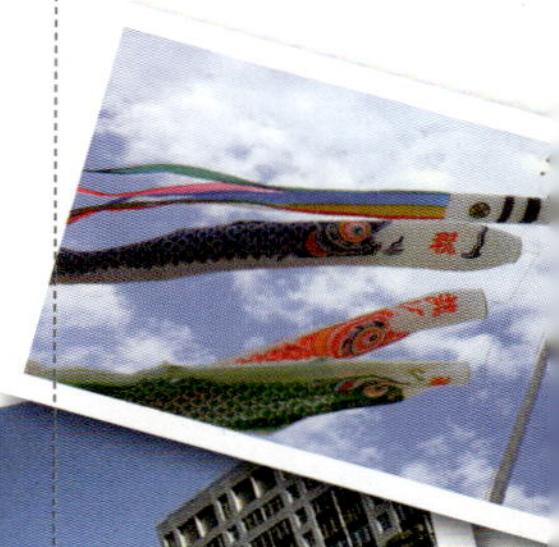

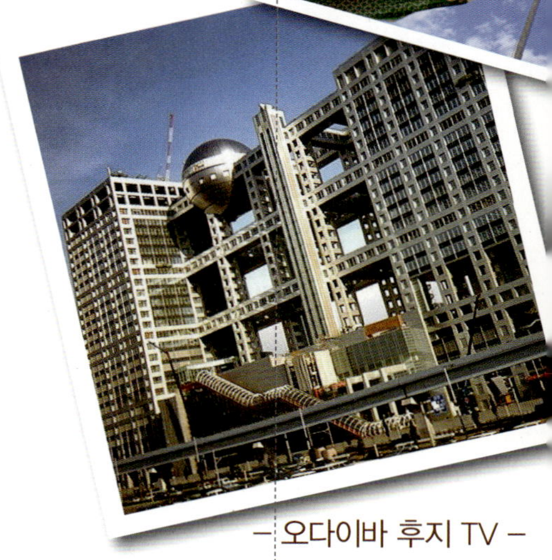

– 오다이바 후지 TV –

예처럼 빈칸을 채우면서 다시 한번 체크해 봅시다.

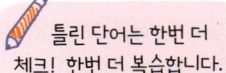

틀린 단어는 한번 더 체크! 한번 더 복습합니다.

읽는 법과 뜻

☐	がくせい 학생
☐	うりば 매장
☐	ねだん 가격
☐	けいざい 경제
☐	こうじょう 공장
☐	いれる 넣다
☐	のうぎょう 농업
☐	しまる 닫히다
☐	ばいてん 매점
☐	むりょう 무료
☐	しなもの 물건, 상품
☐	かう 사다
☐	さんぎょう 산업
☐	えらぶ 선택하다
☐	やすい 싸다
☐	えいぎょう 영업
☐	りょうきん 요금
☐	ぎんこう 은행
☐	ちょきん 저금
☐	せいひん 제품
☐	はらう 지불하다
☐	うる 팔다
☐	わりびき 할인

한자	읽는 법	의미
예 学生	がくせい	학생
売り場		
値段		
経済		
工場		
入れる		
農業		
閉まる		
売店		
無料		
品物		
買う		
産業		
選ぶ		
安い		
営業		
料金		
銀行		
貯金		
製品		
払う		
売る		
割引		

접는 선

DAY 16 mp3

정보통신과 매스컴

알고 있는 단어를 체크해 봅시다.

☐ 01 アニメ	☐ 02 意見	☐ 03 意味	☐ 04 インターネット
☐ 05 機械	☐ 06 切手	☐ 07 ケータイ	☐ 08 コンピューター
☐ 09 字	☐ 10 情報	☐ 11 新聞	☐ 12 スマホ
☐ 13 専門	☐ 14 中止	☐ 15 手紙	☐ 16 ドラマ
☐ 17 ニュース	☐ 18 パソコン	☐ 19 番組	☐ 20 文
☐ 21 放送	☐ 22 メール	☐ 23 連絡	☐ 24 調べる
☐ 25 確かめる	☐ 26 伝える	☐ 27 続く	☐ 28 続ける
☐ 29 つながる	☐ 30 届く	☐ 31 届ける	☐ 32 つまらない
☐ 33 正しい			

01		
アニメ		
名 애니메이션		

うちの 子<ruby>子<rt>こ</rt></ruby>は よく (アニメ)を 見<ruby><rt>み</rt></ruby>ている。
우리 집 아이는 자주 애니메이션을 본다.

02 ★★★	⑭
いけん **意見**	
名 의견	

学校<ruby><rt>がっこう</rt></ruby>では 学生<ruby><rt>がくせい</rt></ruby>の (意見<ruby><rt>いけん</rt></ruby>)を 聞<ruby><rt>き</rt></ruby>くため アンケート調査<ruby><rt>ちょうさ</rt></ruby>を しました。
학교에서는 학생들의 의견을 듣기 위해 앙케이트 조사를 했습니다.

03 ★★		
いみ **意味**		
名 する 의미		

1つの 単語<ruby><rt>たんご</rt></ruby>にも 色々<ruby><rt>いろいろ</rt></ruby>な (意味<ruby><rt>いみ</rt></ruby>)が ある。
하나의 단어에도 여러 의미가 있다.

04	·
インターネット	
名 인터넷	

(インターネット)は 便利<ruby><rt>べんり</rt></ruby>だが 注意<ruby><rt>ちゅうい</rt></ruby>して 使<ruby><rt>つか</rt></ruby>わなければ ならない。
인터넷은 편리하지만 주의해서 사용해야 한다.

05 ★		
きかい **機械**		
名 기계		

最新<ruby><rt>さいしん</rt></ruby>の (機械<ruby><rt>きかい</rt></ruby>)は 使<ruby><rt>つか</rt></ruby>い方<ruby><rt>かた</rt></ruby>が わかりにくい。
최신 기계는 사용법이 까다롭다.
✚ 機会<ruby><rt>きかい</rt></ruby> 기회

06 ★		
きって **切手**		
名 우표		

郵便局<ruby><rt>ゆうびんきょく</rt></ruby>に 行<ruby><rt>い</rt></ruby>って (切手<ruby><rt>きって</rt></ruby>)を 買<ruby><rt>か</rt></ruby>った。
우체국에 가서 우표를 샀다.

07		
ケータイ		
名 휴대폰		

携帯電話<ruby><rt>けいたいでんわ</rt></ruby>の ことを 「(ケータイ)」と 言<ruby><rt>い</rt></ruby>う ことも ある。
휴대전화를 휴대폰이라고 하기도 한다.
＝ 携帯電話<ruby><rt>けいたいでんわ</rt></ruby> 휴대전화

08 ☐☐	(コンピューター)は 私たちの 生活を 大きく 変えた。
コンピューター	わたし せいかつ おお か
명 컴퓨터	컴퓨터는 우리들의 생활을 크게 변화시켰다.

09 ★★ ⑩☐	自分で (字)を 書く 機会が ない。
じ **字**	じ ぶん じ か き かい
명 글씨	직접 글씨를 쓸 기회가 없다.

10 ★★ ☐☐	私たちは (情報)を 安全に 管理する 必要が ある。
じょうほう **情報**	わたし じょうほう あんぜん かん り ひつよう
명 정보	우리들은 정보를 안전하게 관리할 필요가 있다.

11 ☐☐	最近は (新聞)の 記事が ネットでも 読める。
しんぶん **新聞**	さいきん しんぶん き じ よ
명 신문	요즘은 신문기사를 인터넷에서도 읽을 수 있다.
	➕ 新聞社 신문사 　新聞紙 신문지
	しんぶんしゃ 　　　しんぶん し

12 ☐☐	(スマホ)で きれいな 写真が 撮れる。
スマホ	しゃしん と
명 스마트폰	스마트폰으로 선명한(깨끗한) 사진을 찍을 수 있다.
	＝ スマートフォン 스마트 폰

13 ☐☐	ここは パソコンの 修理を (専門)に する 会社だ。
せんもん **専門**	しゅう り せんもん かいしゃ
명 전문	이곳은 컴퓨터 수리를 전문으로 하는 회사이다.

14 ★★ ⑫☐☐	今日の ライブは 雪で (中止)に なった。
ちゅう し **中止**	きょう ゆき ちゅう し
명 する 중지	오늘의 라이브(생방송)는 눈 때문에 중지되었다.

15 ★ てがみ **手紙** 명 편지	けっこん き ねん び　　むすめ　　　　て がみ 結婚記念日に 娘から (手紙)を もらった。 결혼기념일에 딸에게 편지를 받았다.
16 **ドラマ** 명 드라마	に ほん　　　　　　　　　　　 じ まく　　　　み 日本の (ドラマ)を 字幕なしで 見られる ように なり たい。 일본 드라마를 자막 없이 볼 수 있게 되었으면 좋겠다(되고 싶다).
17 **ニュース** 명 뉴스	しんぶん　　　　　　　　　　　　　　　　 み 新聞より ネットで (ニュース)を 見て いる。 신문보다 인터넷으로 뉴스를 보고 있다.
18 **パソコン** 명 '퍼스널 컴퓨터'의 준말, PC	こ　　　　　　　　　　　　　　　　 きょうしつ　 かよ 子どもの ための (パソコン) 教室に 通った。 아이를 위한 컴퓨터교실에 다녔다.
19 ばんぐみ **番組** 명 프로그램	りょう り　ばんぐみ　　み　　　　　　 つく　 かた 料理(番組)を 見ながら 作り方を メモする。 요리 프로그램을 보면서 만드는 법을 메모한다. ➕ スポーツ番組 <u>스포츠 프로그램</u>
20 ぶん **文** 명 글, 문장	しんしょうひん　　　しょうかい　　　ぶん　 か 新商品を 紹介する (文)を 書いた。 신상품을 소개하는 글을 썼다.
21 ほうそう **放送** 명 する 방송	ほうそう　 じ かん　しん や　 じ フットボールの (放送) 時間は 深夜 2時からだ。 풋볼 방송 시간은 심야 2시부터이다.

22

メール
명 (이) 메일, 전자 우편

ビジネス(メール)の 書き方を 習って います。
비즈니스 메일 쓰는 법을 배우고 있습니다.

23 ★

れんらく
連絡
명 する 연락

姉と (連絡)が 取れなくて 困った。
언니랑 연락이 안 돼서 난처했다.

24 ★★★ ⑭

しら
調べる
동 조사하다, 알아보다

スマートフォンで 店の 場所を (調べる)。
스마트폰으로 가게의 위치를 알아본다.

25

たし
確かめる
동 확인하다

会議の 準備が できて いるか (確かめて) ください。
회의 준비가 되어 있는지 확인해 주세요.

26 ★★★ ⑮ ⑪ ⑩

つた
伝える
동 알리다, 전달하다

大切な ことは 会って (伝えたい)。
중요한 것은 만나서 전달하고 싶다.

27

つづ
続く
동 이어지다, 계속되다

ここは 200年 (続く) 伝統の ある 旅館だ。
이곳은 200년 동안 이어지고 있는 전통 있는 료칸(전통 숙박 시설)이다.

28

つづ
続ける
동 계속하다

私は ピアノを 15年 (続けて) いる。
나는 피아노를 15년간 계속하고 있다.

29 ☐☐	インターネットが (つながらない)と 仕事が できない。
つながる 통 연결되다	인터넷이 연결되지 않으면 일을 할 수 없다.

30 ★★ ☐☐	返事の メールが まだ (届いていない)。
とど **届く** 통 도착하다	답 메일이 아직 도착하지 않았다.

31 ★★★ ⑭☐☐	商品を 早く 安全に (届ける) ことが 大事だ。
とど **届ける** 통 보내다	상품을 빨리 안전하게 보내는 것이 중요하다.

32 ☐☐	最近の テレビ番組は (つまらない)。
つまらない イ 시시하다, 하찮다	요즘 TV프로그램은 재미없다.

33 ★ ☐☐	情報が (正しい)かどうか しっかり 判断する べきだ。
ただ **正しい** イ 바르다, 옳다	정보가 바른지 어떤지 정확하게 판단해야 한다.

실전모의고사로 실력을 한 번 더 확인하세요. www.sisabooks.com에서 다운가능!!!

1 해당 어휘의 음독을 찾고, 빈칸에 의미를 적으세요.

예	学生	✓① がくせい	② がっせい	학 생

1	伝える	① つかえる	② つたえる	
2	意見	① いけん	② いっけん	
3	連絡	① えんらく	② れんらく	
4	調べる	① のべる	② しらべる	
5	手紙	① てがみ	② てかみ	

2 문맥에 맞는 단어를 골라, 알맞은 형태로 만드세요. 표제어 번호

6 返事の メールが まだ ( )。 `30`

7 最近の テレビ番組は ( )。 `32`

8 郵便局に 行って ( )を 買った。 `06`

9 今日の ライブは 雪で ( )に なった。 `14`

10 情報が ( )かどうか しっかり 判断する べきだ。 `33`

中止	届く	切手	正しい	つまらない

정답

1 ② 알리다, 전달하다 2 ① 의견 3 ② 연락 4 ② 조사하다, 알아보다 5 ① 편지
6 届かない 7 つまらない 8 切手 9 中止 10 正しい

✏️ 시험에 자주 출제되는 한자!
쓰면서 확인하세요.

빈출 동사 써보기

예 およ 泳ぐ ⑭ ⑮	およ 泳ぐ	およ 泳ぐ	およ 泳ぐ	およ 泳ぐ	およ 泳ぐ
헤엄치다	헤엄치다	헤엄치다	헤엄치다	헤엄치다	헤엄치다
すす 進む ⑪ ⑬ ⑮					
나아가다					
た 足りる ⑬ ⑮					
충분하다					
ひろ 拾う ⑬ ⑭					
줍다					
お 落とす ⑪ ⑬					
떨어뜨리다					
き 決める ⑫ ⑬					
정하다					
あやま 謝る ⑩ ⑪					
사과하다					
つた 伝える ⑩ ⑪ ⑮					
전하다					
そだ 育てる ⑫ ⑬					
키우다					
に 逃げる ⑫ ⑮					
도망가다					

복습해 볼까요?

아래의 단어를 보고 읽는 법과 뜻을 적어 본 후 점선대로 접어서 답을 확인해 봅시다.
틀린 단어는 뒷 페이지 ☐에 V표시를 해 봅시다.

접는 선

단어	읽는 법과 뜻	
学生	がくせい	학생
続ける		
文		
字		
機械		
届く		
正しい		
放送		
届ける		
つまらない		
新聞		
伝える		
連絡		
切手		
意見		
意味		
専門		
情報		
調べる		
中止		
手紙		
番組		
確かめる		

접으면 답을
확인할 수 있어요.

― 기요미즈데라 ―

예처럼 빈칸을 채우면서 다시 한번
체크해 봅시다.

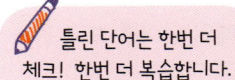

틀린 단어는 한번 더
체크! 한번 더 복습합니다.

읽는 법과 뜻
☐ がくせい 학생
☐ つづける 계속하다
☐ ぶん 글, 문장
☐ じ 글씨
☐ きかい 기계
☐ とどく 도착하다
☐ ただしい 바르다, 옳다
☐ ほうそう 방송
☐ とどける 보내다
☐ つまらない 시시하다, 하찮다
☐ しんぶん 신문
☐ つたえる 알리다, 전달하다
☐ れんらく 연락
☐ きって 우표
☐ いけん 의견
☐ いみ 의미
☐ せんもん 전문
☐ じょうほう 정보
☐ しらべる 조사하다
☐ ちゅうし 중지
☐ てがみ 편지
☐ ばんぐみ 프로그램
☐ たしかめる 확인하다

한자	읽는 법	의미
예 学生	がくせい	학생
続ける		
文		
字		
機械		
届く		
正しい		
放送		
届ける		
つまらない		
新聞		
伝える		
連絡		
切手		
意見		
意味		
専門		
情報		
調べる		
中止		
手紙		
番組		
確かめる		

DAY

DAY 17 mp3

사건·사고

알고 있는 단어를 체크해 봅시다.

☐ 01 火事	☐ 02 ガス	☐ 03 ミス	☐ 04 警察
☐ 05 原因	☐ 06 けんか	☐ 07 故障	☐ 08 事故
☐ 09 地震	☐ 10 じゃま	☐ 11 戦争	☐ 12 どろぼう
☐ 13 いじめる	☐ 14 打つ	☐ 15 落ちる	☐ 16 落とす
☐ 17 壊す	☐ 18 壊れる	☐ 19 死ぬ	☐ 20 すべる
☐ 21 捕まえる	☐ 22 無くす	☐ 23 無くなる	☐ 24 亡くなる
☐ 25 逃げる	☐ 26 盗む	☐ 27 ぶつかる	☐ 28 ぶつける
☐ 29 割る	☐ 30 割れる	☐ 31 起こる	☐ 32 倒れる
☐ 33 踏む	☐ 34 危ない	☐ 35 危険(な)	

DAY 17

01 ★

かじ
火事

[명] 화재, 불

こうじょう　かじ　はっせい
工場で (火事)が 発生した。
공장에서 화재가 발생했다.

たいしかん　かじ
大使館が (火事)に なった。
대사관에 불이 났다.

02

ガス

[명] 가스

きのう　かじ　げんいん　も
昨日の 火事の 原因は (ガス)漏れだった。
어제 화재의 원인은 가스 누출이었다.

03

ミス

[명] [する] 과실, 실수(함)

ちい　おお　じこ
小さな (ミス)が 大きな 事故に つながる。
작은 실수가 큰 사고로 이어진다.

---

04 ★★

けいさつ
警察

[명] 경찰관

けいさつ　じけん　しつもん　こた
(警察)が 事件に ついての 質問に 答えて いる。
경찰이 사건에 관한 질문에 대답하고 있다.

---

05 ★

げんいん
原因

[명] 원인

かじ　げんいん　しら
火事の (原因)を 調べる。
화재의 원인을 조사한다.

---

06 ★★ ⑮

けんか

[명] [する] 싸움

ともだち　あたま
友達と (けんか)を して、頭を けがした。
친구와 싸움을 해서 머리를 다쳤다.

---

07 ★★★ ⑫ ⑪

こしょう
故障

[명] [する] 고장

ひこうき　こしょう
飛行機の エンジンが (故障)した。
비행기 엔진이 고장났다.

08 ★★
じ こ
事故
명 사고

車の (事故)を 見て から、運転するのが 怖く なった。
차 사고를 목격하고 나서 운전하는 것이 두려워졌다.

09 ★★
じ しん
地震
명 지진

(地震)の 揺れが しばらく 続いた。
지진의 흔들림이 한동안 계속되었다.

10
じゃま
명 する 방해, 훼방

事件を 調べる 警察の (じゃま)を した。
사건을 조사하는 경찰을 방해했다.

11 ★
せんそう
戦争
명 する 전쟁

博物館で (戦争)の 歴史を 学ぶ。
박물관에서 전쟁의 역사를 배운다.

12
どろぼう
명 도둑

(どろぼう)に 家の お金を 盗まれた。
도둑에게 집안의 돈을 도둑맞았다.

13
いじめる
동 괴롭히다

高校時代、後輩を (いじめる) 悪い 先輩が いた。
고등학교 때, 후배를 괴롭히는 나쁜 선배가 있었다.

14
う
打つ
동 때리다, 치다, 부딪다

電車の 事故で 腰を (打った)。
전철 사고로 허리를 부딪혔다.

15 ★

お
落ちる

[동] 떨어지다

階段(かいだん)から (落(お)ちて) 大怪我(おおけが)を した。
계단에서 떨어져서 큰 부상을 입었다.

---

16 ★★ [13] [11]

お
落とす

[동] 떨어뜨리다

窓(まど)から 洗濯物(せんたくもの)を (落(お)として) しまった。
창문으로 빨래를 떨어뜨리고 말았다.

---

17 ★

こわ
壊す

[동] 부수다

子(こ)どもが いすを (壊(こわ)した)。
아이가 의자를 망가뜨렸다.

---

18 ★★ [15]

こわ
壊れる

[동] 부서지다

携帯電話(けいたいでんわ)が (壊(こわ)れて)、データが 消(き)えて しまった。
휴대전화가 망가져서 데이터가 사라져 버렸다.

19

し
死ぬ

[동] 죽다

全体(ぜんたい)を 見(み)れば (死(し)ぬ) 人(ひと)より 生(う)まれる 人(ひと)の 数(かず)が 多(おお)い。
전체를 보면 죽는 사람보다 태어나는 사람 수가 많다.

20

すべる

[동] 미끄러지다

雪(ゆき)の日(ひ)は 道(みち)が よく (すべる)。
눈 내리는 날은 길이 잘 미끄러진다.

21

つか
捕まえる

[동] 잡다

警察(けいさつ)が 逃(に)げる どろぼうを (捕(つか)まえた)。
경찰이 도주하는 도둑을 잡았다.

22 ★★ 　　□□ な 無くす 통 잃다, 분실하다	て ぶくろ な 手袋を (無くして) しまった。 장갑을 잃어버렸다.
23 　　□□ な 無くなる 통 없어지다	もつ な じ けん ホテルで 荷物が (無くなる)という 事件が あった。 호텔에서 짐이 없어지는 사건이 있었다.
24 　　□□ な 亡くなる 통 죽다, 돌아가다	おお かた な テロにより 多くの 方が (亡くなった)。 테러에 의해 많은 사람들이 죽었다.
25 ★ 　　□□ に 逃げる 통 도망가다	じ こ お ひと に 事故を 起こした 人が そのまま (逃げて) しまった。 사고를 일으킨 사람이 그대로 도망쳐 버렸다.
26 ★★ 　　□□ ぬす 盗む 통 훔치다	び じゅつかん さくひん ぬす はんにん つか 美術館から 作品を (盗んだ) 犯人が 捕まった。 미술관에서 작품을 훔친 범인이 잡혔다.
27 　　□□ ぶつかる 통 부딪다, 충돌하다	でんしゃ となり ひと かた 電車で 隣の 人と 肩が (ぶつかった)。 전철에서 옆 사람과 어깨가 부딪혔다.
28 　　□□ ぶつける 통 부딪치다, 부딪뜨리다	テーブルに ひざを (ぶつけた)。 테이블에 무릎을 부딪쳤다.

29 ★★ ⑪	自分の マグカップを (割って) しまった。
わ **割る** 동 깨다	じぶん, わ 내 머그컵을 깨고 말았다.

30 ★	人と ぶつかって、めがねが (割れた)。
わ **割れる** 동 깨지다	ひと, わ 다른 사람과 부딪혀서 안경이 깨졌다.

31	今年は 交通事故が たくさん (起こった)。
お **起こる** 동 일어나다, 발생하다	ことし, こうつう じ こ, お 올해는 교통사고가 많이 발생했다.

32 ★★	家内が 急に (倒れて) 入院した。
たお **倒れる** 동 쓰러지다	か ない, きゅう, たお, にゅういん 아내가 갑자기 쓰러져서 입원했다.

33 ★★	バスで 隣の 人の 足を (踏んで) しまった。
ふ **踏む** 동 밟다	となり, ひと, あし, ふ 버스에서 옆 사람의 발을 밟고 말았다.

34 ★★★ ⑮	交差点は 車が 多くて (危ない)。
あぶ **危ない** イ 위험하다	こう さ てん, くるま, おお, あぶ 교차로는 차가 많아 위험하다.

35 ★★ ⑮	(危険な) 運転による 事故が 増えて いる。
き けん **危険(な)** ナ 위험(한)	き けん, うんてん, じ こ, ふ 위험한 운전에 의한 사고가 증가하고 있다.

💬 실전모의고사로 실력을 한 번 더 확인하세요. www.sisabooks.com에서 다운가능!!!

1 해당 어휘의 음독을 찾고, 빈칸에 의미를 적으세요.

| 예 | 学生 | ✓① がくせい | ② がっせい | 학생 |

1	落とす	① おとす	② ごとす	_____
2	危ない	① すくない	② あぶない	_____
3	火事	① がし	② かじ	_____
4	盗む	① ぬすむ	② ふむ	_____
5	原因	① げんいん	② げんにん	_____

2 문맥에 맞는 단어를 골라, 알맞은 형태로 만드세요. 표제어 번호

6 車の (　　　　　) を 見て から、運転するのが 怖く なった。 08

7 友だちと (　　　　　) を して、頭を けがした。 06

8 携帯電話が (　　　　　)、データが 消えて しまった。 18

9 飛行機の エンジンが (　　　　　) した。 07

10 自分の マグカップを (　　　　　) しまった。 29

故障　事故　壊れる　割る　けんか

정답

1 ① 떨어뜨리다　**2** ② 위험하다　**3** ② 화재, 불　**4** ① 훔치다　**5** ① 원인
6 事故　**7** けんか　**8** 壊れて　**9** 故障　**10** 割って

시험에 자주 출제되는 한자!
쓰면서 확인하세요.

빈출 형용사 써보기

예 <ruby>重<rt>おも</rt></ruby>い ⑫ ⑭	<ruby>重<rt>おも</rt></ruby>い	<ruby>重<rt>おも</rt></ruby>い	<ruby>重<rt>おも</rt></ruby>い	<ruby>重<rt>おも</rt></ruby>い	<ruby>重<rt>おも</rt></ruby>い
무겁다	무겁다	무겁다	무겁다	무겁다	무겁다
<ruby>大人<rt>おとな</rt></ruby>しい ⑩ ⑪ ⑬					
얌전하다					
<ruby>厳<rt>きび</rt></ruby>しい ⑫ ⑮					
엄격하다					
<ruby>危<rt>あぶ</rt></ruby>ない ⑮					
위험하다					
<ruby>大事<rt>だいじ</rt></ruby>だ ⑭					
중요하다					
<ruby>真面目<rt>まじめ</rt></ruby>だ ⑪ ⑬					
성실하다					
<ruby>丁寧<rt>ていねい</rt></ruby>だ ⑪ ⑭					
정중하다					
<ruby>残念<rt>ざんねん</rt></ruby>だ ⑬ ⑮					
유감스럽다					
<ruby>不便<rt>ふべん</rt></ruby>だ ⑭ ⑯					
불편하다					
<ruby>十分<rt>じゅうぶん</rt></ruby>だ ⑪ ⑫					
충분하다					

아래의 단어를 보고 읽는 법과 뜻을 적어 본 후 점선대로 접어서 답을 확인해 봅시다.
틀린 단어는 뒷 페이지 ☐ 에 V표시를 해 봅시다.

접는 선

단어	읽는 법과 뜻	
学生	がくせい	학생
火事		
警察		
故障		
割る		
割れる		
逃げる		
落とす		
落ちる		
踏む		
壊す		
壊れる		
事故		
倒れる		
原因		
危険(な)		
危ない		
起こる		
無くす		
戦争		
死ぬ		
地震		
盗む		

접으면 답을 확인할 수 있어요.

－ 도쿄대학 －

예처럼 빈칸을 채우면서 다시 한번
체크해 봅시다.

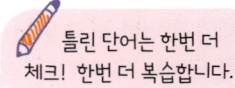
틀린 단어는 한번 더
체크! 한번 더 복습합니다.

읽는 법과 뜻		한자	읽는 법	의미

읽는 법과 뜻
□ がくせい 학생
□ かじ 화재, 불
□ けいさつ 경찰(관)
□ こしょう 고장(나다)
□ わる 깨다
□ われる 깨지다
□ にげる 도망가다
□ おとす 떨어뜨리다
□ おちる 떨어지다
□ ふむ 밟다
□ こわす 부수다
□ こわれる 부서지다
□ じこ 사고
□ たおれる 쓰러지다
□ げんいん 원인
□ きけん(な) 위험(한)
□ あぶない 위험하다
□ おこる 일어나다, 발생하다
□ なくす 잃다, 분실하다
□ せんそう 전쟁
□ しぬ 죽다
□ じしん 지진
□ ぬすむ 훔치다

한자	읽는 법	의미
예 学生	がくせい	학생
火事		
警察		
故障		
割る		
割れる		
逃げる		
落とす		
落ちる		
踏む		
壊す		
壊れる		
事故		
倒れる		
原因		
危険(な)		
危ない		
起こる		
無くす		
戦争		
死ぬ		
地震		
盗む		

DAY 18

DAY 18 mp3

국제사회와 공연·문화

● 국제사회

- ☐ 01 アジア
- ☐ 02 帰国
- ☐ 03 国際
- ☐ 04 国民
- ☐ 05 市民
- ☐ 06 社会
- ☐ 07 人口
- ☐ 08 生産
- ☐ 09 政治
- ☐ 10 西洋
- ☐ 11 世界
- ☐ 12 石油
- ☐ 13 大使館
- ☐ 14 飛行場
- ☐ 15 貿易
- ☐ 16 法律
- ☐ 17 輸出
- ☐ 18 輸入
- ☐ 19 ヨーロッパ
- ☐ 20 守る
- ☐ 21 盛ん(な)

● 공연·문화

- ☐ 22 受付
- ☐ 23 お祭り
- ☐ 24 音楽
- ☐ 25 会場
- ☐ 26 着物
- ☐ 27 コンサート
- ☐ 28 参加
- ☐ 29 神社
- ☐ 30 チケット
- ☐ 31 展覧会
- ☐ 32 美術
- ☐ 33 文化
- ☐ 34 違う
- ☐ 35 申し込む

01 □□ **アジア** [명] 아시아	(アジア)の 国々(くにぐに)は、魅力的(みりょくてき)な 文化(ぶんか)を 持(も)って いる。 아시아의 여러 나라들은 매력적인 문화를 가지고 있다.
02 ⑱□□ きこく **帰国** [명] [する] 귀국	(帰国(きこく))する 前(まえ)に お土産(みやげ)を 買(か)った。 귀국하기 전에 선물을 샀다.
03 ★★ □□ こくさい **国際** [명] 국제	(国際(こくさい))的(てき)な 会議(かいぎ)に 通訳(つうやく)として 出席(しゅっせき)した。 국제적인 회의에 통역으로서 참석했다.
04 □□ こくみん **国民** [명] 국민	カレンダーを 見(み)て、(国民(こくみん))の 祝日(しゅくじつ)を 確認(かくにん)する。 달력을 보고 국경일을 확인한다.
05 □□ しみん **市民** [명] 시민	町(まち)を 見(み)ると、(市民(しみん))の 意識(いしき)を 知(し)る ことが できる。 도시를 보면 시민의식을 알 수 있다.
06 ★ □□ しゃかい **社会** [명] 사회	(社会(しゃかい))の 問題(もんだい)に 関心(かんしん)が ある。 사회 문제에 관심이 있다.
07 ★★★ ⑫□□ じんこう **人口** [명] 인구	(人口(じんこう))の 減少(げんしょう)が 問題(もんだい)だと 言(い)われて いる。 인구감소가 문제라고 한다.

08 ★★ ⑱⑮⑭⑫ せいさん **生産** 명 する 생산	チリは ワインの (生産<ruby>せいさん</ruby>)が 盛<ruby>さか</ruby>んだ。 칠레는 와인 생산이 활발하다.

09 せい じ **政治** 명 정치	国民<ruby>こくみん</ruby>のための (政治<ruby>せい じ</ruby>)に 期待<ruby>き たい</ruby>したい。 국민을 위한 정치를 기대하고 싶다. ➕ 政治家<ruby>せい じ か</ruby> 정치가

10 せいよう **西洋** 명 서양	(西洋<ruby>せいよう</ruby>) 美術<ruby>び じゅつ</ruby>を 学<ruby>まな</ruby>ぶために 留学<ruby>りゅうがく</ruby>した。 서양 미술을 배우기 위해 유학했다.

11 ★★ ⑬ せ かい **世界** 명 세계	(世界<ruby>せ かい</ruby>)には いろいろな 国<ruby>くに</ruby>や 地域<ruby>ち いき</ruby>が ある。 세계에는 여러 나라와 지역이 있다.

12 せき ゆ **石油** 명 석유	ロシアは (石油<ruby>せき ゆ</ruby>)が よく とれる。 러시아는 석유가 많이 난다.

13 たい し かん **大使館** 명 대사관	イタリア (大使館<ruby>たい し かん</ruby>)では イタリア語<ruby>ご</ruby>の 講座<ruby>こう ざ</ruby>が ある。 이탈리아 대사관에는 이탈리아어 강좌가 있다.

14 ひ こうじょう **飛行場** 명 비행장	新<ruby>あたら</ruby>しい (飛行場<ruby>ひ こうじょう</ruby>)が できてから、観光客<ruby>かんこうきゃく</ruby>が 増<ruby>ふ</ruby>えた。 새로운 비행장이 생기고 나서 관광객이 늘었다.

15 ★	外国語を 使って、(貿易)の 仕事を して いる。
ぼうえき	외국어를 사용하여 무역 일을 하고 있다.
貿易	
名 する 무역	

16	韓国と 日本の (法律)は 似て いる。
ほうりつ	한국과 일본의 법률은 비슷하다.
法律	
名 법률	

17 ★★★ ⑬	韓国製の テレビを (輸出)する。
ゆ しゅつ	한국제 텔레비전을 수출한다.
輸出	
名 する 수출	

18 ★★★	(輸入)食品の 店で 世界の 食べ物が 買える。
ゆ にゅう	수입식품 가게에서 세계의 음식을 살 수 있다.
輸入	
名 する 수입	

19	(ヨーロッパ)の 国を 列車で 一周した。
	유럽 국가를 열차로 일주했다.
ヨーロッパ	
名 유럽	

20 ★	大切な 自然環境を (守る) べきだ。
まも	소중한 자연환경을 지켜야 한다.
守る	
動 지키다	

21 ★★	ここは 農業が (盛んな) 村だ。
さか	이곳은 농업이 활발한 마을이다.
盛ん(な)	
ナ 활발한, 번창한	

---

22 ★
うけつけ
受付
명 접수

(受付)で 案内して もらって ください。
접수처에서 안내받으세요.

23
まつ
お祭り
명 축제

(お祭り)は 見るより 参加した 方が 楽しい。
축제는 보는 것보다 참여하는 쪽이 즐겁다.

24
おんがく
音楽
명 음악

有名な 歌手や バンドが 出る (音楽)番組が 始まった。
유명한 가수와 밴드가 나오는 음악 프로그램이 시작되었다.
＋ 音楽家 음악가

---

25 ★
かいじょう
会場
명 회장, 모임 장소

イベント(会場)で アルバイトを した。
이벤트 회장에서 아르바이트를 했다.
＋ 会長 회장(회사의 대표)

26
き もの
着物
명 일본 전통의 옷, 기모노

一人で (着物)を 着るのは むずかしい。
혼자서 기모노를 입는 것은 어렵다.

27
コンサート
명 콘서트

今日の 夜は クラシックの (コンサート)に 行く。
오늘 밤은 클래식 콘서트에 간다.

---

28 ★★
さん か
参加
명 する 참가

セミナーに (参加)した 人と 一緒に 食事を した。
세미나에 참가한 사람과 함께 식사를 했다.
＋ 参加者 참가자

DAY 18

29 神社	

じんじゃ
神社
명 신사

お正月は 家族で (神社)に 行く。
설에는 가족 모두 신사에 간다.

30
チケット
명 티켓

会社の 同期に 映画の (チケット)を もらった。
회사 동기에게 영화 티켓을 받았다.

31
てんらんかい
展覧会
명 전람회

この(展覧会)は とても 混んでいて、入れない 人も いる。
이 전람회는 매우 혼잡해서 못 들어가는 사람도 있다.

---

32 ★★
びじゅつ
美術
명 미술

(美術)の 時間に 自分の 絵を 描いた。
미술 시간에 자신의 그림을 그렸다.
➕ 美術館 미술관

---

33 ★
ぶんか
文化
명 문화

日韓の (文化)を 交流する ための 会に 参加した。
한일 문화 교류를 위한 모임에 참가했다.

---

34 ★★
ちが
違う
동 다르다

カフェでは、いつも (違う) 飲み物を 注文する。
카페에서는 항상 다른 음료를 주문한다.

---

35 ★★
もう こ
申し込む
동 신청하다

運動を する ために、スポーツジムに (申し込んだ)。
운동을 하기 위해 스포츠 센터에 등록했다.

실전모의고사로 실력을 한 번 더 확인하세요. www.sisabooks.com에서 다운가능!!!

1 해당 어휘의 음독을 찾고, 빈칸에 의미를 적으세요.

예	学生	✔①がくせい	②がっせい	학생

1	人口	① にんこう	② じんこう	
2	文化	① ふんか	② ぶんか	
3	世界	① せかい	② せいかい	
4	守る	① たもる	② まもる	
5	輸出	① ゆしゅつ	② ゆうしゅつ	

2 문맥에 맞는 단어를 골라, 알맞은 형태로 만드세요. 표제어 번호

6 イベント( )で アルバイトを した。 **25**

7 チリは ワインの ( )が 盛^{さか}んだ。 **08**

8 カフェでは、いつも ( ) 飲^のみ 物^{もの}を 注^{ちゅう}文^{もん}する。 **34**

9 運^{うん}動^{どう}を するために、スポーツジムに ( )。 **35**

10 ここは 農^{のう}業^{ぎょう}が ( )村^{むら}だ。 **21**

会^{かい}場^{じょう}	違^{ちが}う	生^{せい}産^{さん}	申^{もう}し込^こむ	盛^{さか}んだ

인사말

行ってらっしゃい	다녀오세요
行ってきます(行ってまいります)	다녀오겠습니다
ただいま	다녀왔습니다
お帰りなさい	잘 다녀왔어요?, 어서 오세요
お大事に	몸조리 잘하세요
ありがとうございます	감사합니다
お元気ですか	잘 지내십니까?
おかげさまで	덕분에요
お先に失礼します	먼저 실례하겠습니다
お疲れさまでした	수고하셨습니다
ごめんください	실례합니다(방문 시)
ごめんなさい	미안합니다
お待たせしました(お待たせいたしました)	오래 기다리셨습니다
失礼します	실례합니다
おじゃまします	실례하겠습니다
気をつけて	조심하세요
それはいけませんね	정말로 안됐네요
おめでとうございます	축하합니다
こちらこそ	저야말로
かしこまりました	알겠습니다
(では)お元気で	건강하시기를
どういたしまして	천만에요
いかがですか	어떻습니까?
それほどでもありません	그렇지도 않습니다
かまいません	상관없습니다

✏️ 복습해 볼까요?

아래의 단어를 보고 읽는 법과 뜻을 적어 본 후 점선대로 접어서 답을 확인해 봅시다.
틀린 단어는 뒷 페이지 ☐에 V표시를 해 봅시다.

접는 선

✏️ 접으면 답을
확인할 수 있어요.

단어	읽는 법과 뜻	
学生	がくせい	학생
帰国		
国民		
国際		
違う		
貿易		
文化		
美術		
生産		
西洋		
世界		
輸入		
輸出		
市民		
申し込む		
音楽		
人口		
受付		
政治		
守る		
参加		
お祭り		
盛ん(な)		

– 오사카성 –

예처럼 빈칸을 채우면서 다시 한번
체크해 봅시다.

틀린 단어는 한번 더
체크! 한번 더 복습합니다.

읽는 법과 뜻
□ がくせい 학생
□ きこく 귀국
□ こくみん 국민
□ こくさい 국제
□ ちがう 다르다
□ ぼうえき 무역
□ ぶんか 문화
□ びじゅつ 미술
□ せいさん 생산
□ せいよう 서양
□ せかい 세계
□ ゆにゅう 수입
□ ゆしゅつ 수출
□ しみん 시민
□ もうしこむ 신청하다
□ おんがく 음악
□ じんこう 인구
□ うけつけ 접수
□ せいじ 정치
□ まもる 지키다
□ さんか 참가
□ おまつり 축제
□ さかん(な) 활발한, 번창한

한자	읽는 법	의미
예 学生	がくせい	학생
帰国		
国民		
国際		
違う		
貿易		
文化		
美術		
生産		
西洋		
世界		
輸入		
輸出		
市民		
申し込む		
音楽		
人口		
受付		
政治		
守る		
参加		
お祭り		
盛ん(な)		

DAY 19

DAY 19 mp3

교통안전

알고 있는 단어를 체크해 봅시다.

☐ 01 行き方	☐ 02 運転	☐ 03 駅	☐ 04 ガソリン
☐ 05 急行	☐ 06 空港	☐ 07 交差点	☐ 08 工事
☐ 09 交通	☐ 10 交番	☐ 11 自転車	☐ 12 自動車
☐ 13 地下鉄	☐ 14 地図	☐ 15 注意	☐ 16 駐車場
☐ 17 出口	☐ 18 道路	☐ 19 特急	☐ 20 バイク
☐ 21 バス停	☐ 22 飛行機	☐ 23 船	☐ 24 利用
☐ 25 歩く	☐ 26 込む／混む	☐ 27 空く	☐ 28 通る
☐ 29 止まる	☐ 30 止める	☐ 31 乗り換える	☐ 32 乗る
☐ 33 迷う	☐ 34 回る	☐ 35 安全(な)	☐ 36 不便(な)
☐ 37 便利(な)			

01 □□

いかた
行き方

[명] 가는 법

みせ　いかた　しら
店への (行き方)を インターネットで 調べて みた。
가게로 가는 방법을 인터넷으로 검색해 봤다.

---

02 ★★ [13] □□

うんてん
運転

[명] [する] 운전

あめ　ひ　うんてん　こわ
雨の日は (運転)するのが 怖い。
비 내리는 날은 운전하는 것이 무섭다.

[+] うんてんしゅ 運転手 운전기사

---

03 ★ [11] □□

えき
駅

[명] 역

かいしゃ　えき　ぷん
会社までは、(駅)から 20分 かかる。
회사까지는 역에서 20분 걸린다.

[+] えきまえ 駅前 역 앞

---

04 □□

ガソリン

[명] 가솔린, 휘발유

い　む
(ガソリン)を 入れるため、ガソリンスタンドに 向かう。
가솔린을 넣기 위해 주유소로 향한다.

[+] ガソリンスタンド 주유소

---

05 □□

きゅうこう
急行

[명] 급행

きゅうこう　でんしゃ　えき
(急行)の 電車は とまらない 駅が あります。
급행열차는 정차하지 않는 역이 있습니다.

---

06 ★★ [10] □□

くうこう
空港

[명] 공항

くうこう　ひろ　まよ
(空港)は とても 広くて 迷って しまった。
공항은 매우 넓어서 헤매고 말았다.

---

07 ★★ □□

こう さ てん
交差点

[명] 교차점, 교차로

こう さ てん　くるま　ちゅう い
(交差点)では 車に 注意して ください。
교차로에서는 차를 조심해 주세요.

08 ★★★ ⑫ □ □	道路が (工事)中で 道が せまく なって いた.
こうじ **工事** 명 する 공사	どう ろ　こう じ　ちゅう　みち 도로가 공사 중이어서 길이 좁아져 있었다.

09 ★★★ ⑫ □ □	(交通)安全のための イベントに 参加した.
こうつう **交通** 명 교통	こうつう あんぜん　　　　　　　　　さん か 교통안전을 위한 행사에 참가했다. ➕ 交通事故 교통사고 　こうつう じ こ

10 □ □	(交番)の 警察官に 道を 聞いた.
こうばん **交番** 명 파출소	こうばん　けいさつかん　みち　き 파출소의 경찰에게 길을 물었다.

11 ★★★ ⑮ ⑫ □ □	高校には (自転車)で 通って いる.
じ てんしゃ **自転車** 명 자전거	こうこう　　　じ てんしゃ　　かよ 고등학교는 자전거로 다니고 있다.

12 ★ □ □	トラックは 大型の (自動車)だ.
じ どうしゃ **自動車** 명 자동차	おおがた　じ どうしゃ 트럭은 대형차다.

13 □ □	通勤時間の (地下鉄)は とても 混んでいる.
ち か てつ **地下鉄** 명 지하철	つうきん じ かん　ち か てつ　　　　　こ 통근 시간의 지하철은 매우 붐빈다.

14 □ □	(地図)を 見ながら、目的地に 向かった.
ち ず **地図** 명 지도	ち ず　み　　　　　もくてきち　む 지도를 보면서 목적지로 향했다.

15 ★★★		
ちゅう い		
注意		
名 する 주의		

車に (注意)して、いってらっしゃい。
차 조심해서 다녀오세요.

16 ★		
ちゅうしゃじょう		
駐車場		
名 주차장		

地下の (駐車場)に 車を とめて きます。
지하 주차장에 차를 세우고 오겠습니다.

17 ★		
で ぐち		
出口		
名 출구		

映画館では、映画が 終わると (出口)の ライトが つく。
영화관에서는 영화가 끝나면 출구의 불이 켜진다.
⇄ 入口 입구

18 ★		
どう ろ		
道路		
名 도로		

(道路)を 渡る 時は、信号を よく 見ましょう。
길을 건널 때는 신호를 잘 봅시다.

19 ★★	⑭	
とっきゅう		
特急		
名 특급		

(特急)電車に 乗ると、早く 目的地に 着ける。
특급 열차를 타면 빨리 목적지에 도착할 수 있다.

20		
バイク		
名 오토바이		

(バイク)は スピードを 出しすぎると 危険だ。
오토바이는 너무 속력을 내면 위험하다.
≒ オートバイ 오토바이

21		
てい		
バス停		
名 버스 정류장		

(バス停)に 到着してから、席を 立って ください。
버스 정류장에 도착하고 나서 자리에서 일어나 주세요.

22 ★ □□

ひこうき
飛行機

[명] 비행기

(飛行機(ひこうき))では いつも 通路側(つうろがわ)に 座(すわ)る。

비행기에서는 항상 통로 쪽에 앉는다.

[+] 飛行場(ひこうじょう) 비행장

---

23 □□

ふね
船

[명] 배

島(しま)に 行(い)くためには、ここから (船(ふね))に 乗(の)ります。

섬에 가기 위해서는 여기에서 배를 탑니다.

---

24 ★★★ ⑮⑫ □□

りよう
利用

[명] [する] 이용

毎日(まいにち) コンビニを (利用(りよう))して います。

매일 편의점을 이용하고 있습니다.

---

25 ★★ ⑪ □□

ある
歩く

[동] 걷다

子(こ)どもに 合(あ)わせて ゆっくり (歩(ある)く)。

아이에 맞춰 천천히 걷는다.

---

26 ★★ ⑮⑬⑪ □□

こ　こ
込む / 混む

[동] 붐비다

通勤時間(つうきんじかん)は 電車(でんしゃ)が (混(こ)む)。

통근 시간은 열차가 붐빈다.

---

27 ★★ ⑬ □□

す
空く

[동] (속이) 비다, 공간이 생기다, 공복이 되다

日曜日(にちようび)は 道(みち)が (空(す)いて) いるから 早(はや)く 着(つ)く。

일요일은 길이 텅 비어 있어서 빨리 도착한다.

できるだけ (空(す)いて) いる 電車(でんしゃ)に 乗(の)りたい。

가능한 한 비어있는 전철을 타고 싶다.

[+] 空(あ)く (시간이) 나다, (좌석이) 비다

---

28 □□

とお
通る

[동] 통하다, 지나가다

私(わたし)は 毎朝(まいあさ) 公園(こうえん)の 前(まえ)を (通(とお)って) 出勤(しゅっきん)する。

나는 매일 아침 공원 앞을 지나 출근한다.

[+] 通(とお)り 길

29 ★

止(と)まる

[동] (~가) 멈추다, 그치다

赤信号(あかしんごう)は (止(と)まりましょう)。

빨간 신호에는 멈춥시다.

[+] 止(や)む (비, 소음 등이) 그치다

30 ★

止(と)める

[동] (~을) 멈추다, 세우다

警察(けいさつ)が 前(まえ)の 車(くるま)を (止(と)めた)。

경찰이 앞 차를 세웠다.

31 ★★

乗(の)り換(か)える

[동] 갈아타다

東京(とうきょう)の 地下鉄(ちかてつ)は、(乗(の)り換(か)える)のが 複雑(ふくざつ)だ。

도쿄의 지하철은 환승하는 것이 복잡하다.

32 ★ ⑫

乗(の)る

[동] 타다

飛行機(ひこうき)に (乗(の)る) 時(とき)は 楽(らく)な 服(ふく)を 着(き)て いる。

비행기에 탈 때는 편한 옷을 입는다.

[+] 乗(の)り物(もの) 탈것, 교통수단

33 ★★

迷(まよ)う

[동] (길을) 헤매다 망설이다

はじめて 来(き)た 町(まち)で 道(みち)に (迷(まよ)って) しまった。

처음 온 도시에서 길을 잃고 말았다.

34

回(まわ)る

[동] 돌다, 돌아다니다

車(くるま)は ゆっくり (回(まわ)って) 反対(はんたい)の 方向(ほうこう)に 進(すす)んだ。

차는 천천히 돌아서 반대 방향으로 나아갔다.

35 ★ ⑱

安全(あんぜん)(な)

[ナ] [명] 안전(한)

車(くるま)は いつも (安全(あんぜん)な) 速度(そくど)を 守(まも)らなければ ならない。

차는 항상 안전한 속도를 지켜야 한다.

(安全(あんぜん))の ために 左右(さゆう)を よく 確認(かくにん)しましょう。

안전을 위해 좌우를 잘 확인합시다.

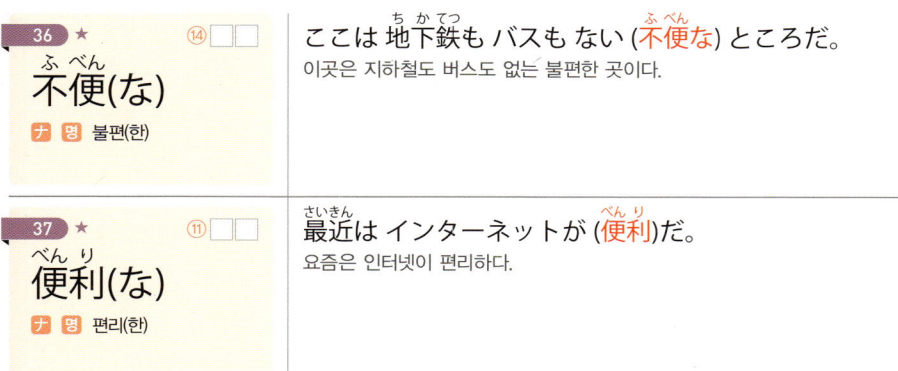

36 ★	⑭ ☐☐
ふ べん **不便(な)** ナ 명 불편(한)	ここは 地下鉄も バスも ない (不便な) ところだ。 ちかてつ ふべん 이곳은 지하철도 버스도 없는 불편한 곳이다.

37 ★	⑪ ☐☐
べん り **便利(な)** ナ 명 편리(한)	最近は インターネットが (便利)だ。 さいきん べんり 요즘은 인터넷이 편리하다.

🖊 실전모의고사로 실력을 한 번 더 확인하세요. www.sisabooks.com에서 다운가능!!!

1 해당 어휘의 음독을 찾고, 빈칸에 의미를 적으세요.

| 예 | 学生 | ✓① がくせい | ② がっせい | 학생 |

1	工事	① こじ	② こうじ	_____
2	空港	① くうこう	② こうくう	_____
3	乗る	① のる	② はる	_____
4	自転車	① じどうしゃ	② じてんしゃ	_____
5	特急	① とっきゅう	② とうきゅう	_____

2 문맥에 맞는 단어를 골라, 알맞은 형태로 만드세요. 표제어 번호

6 ここは 地下鉄も バスも ない （　　　　　）ところだ。 36

7 車に （　　　　　）して、いってらっしゃい。 15

8 雨の日は （　　　　　）するのが 怖い。 02

9 （　　　　　）の ために 左右を よく 確認しましょう。 35

10 日曜日は 道が （　　　　　）いるから 早く 着く。。 27

| 空く | 運転 | 注意 | 安全 | 不便だ |

고득점 어휘

유의어 1

バスが　しゅっぱつしました。⑪ 버스가 출발했습니다.

≒ バスが　でました。 버스가 떠났습니다.

もっと　ていねいに　かいて　ください。⑪ 더 공들여서 써 주세요.

≒ もっと　きれいに　かいて　ください。 더 깨끗하게 써 주세요.

あには　えが　うまいです。⑪ 형(오빠)는 그림 솜씨가 좋습니다.

≒ あには　えが　じょうずです。 형(오빠)는 그림을 잘 그립니다.

きのうは　ねぼうしました。⑪ 어제는 늦잠 잤습니다.

≒ きのうは　おきるのが　おそく　なって　しまいました。
어제는 늦게 일어나고 말았습니다.

たなかさんは　先生(せんせい)に　ほめられました。⑪ 다나카 씨는 선생님께 칭찬받았습니다.

≒ 先生(せんせい)は　たなかさんに　「とても　よかったですよ」と　言いました。
선생님은 다나카 씨에게 '매우 좋았습니다'라고 말했습니다.

この　テーブルは　よごれて　います。⑪ 이 테이블은 더러워져 있습니다.

≒ この　テーブルは　きたないです。 이 테이블은 더럽습니다.

さいしょの　ページを　みて　ください。⑪ 첫 페이지를 봐 주세요.

≒ はじめの　ページを　みて　ください。 처음 페이지를 봐 주세요.

きょうは　バスが　こんで　います。⑪ 오늘은 버스가 붐비고 있습니다.

≒ きょうは　バスに　人が　たくさん　のって　います。
오늘은 버스에 사람이 많이 타 있습니다.

うちの　犬(いぬ)は　とても　おとなしいです。⑪ 우리 집 강아지는 매우 얌전합니다.

≒ うちの　犬(いぬ)は　とても　しずかです。 우리 집 강아지는 매우 조용합니다.

てがみは　もう　おくりました。⑪ 편지는 벌써 보냈습니다.

≒ てがみは　もう　出(だ)しました。 편지는 벌써 부쳤습니다.

ふくが　大(おお)きいので　とりかえて　ください。⑫ 옷이 크니까 바꿔주세요.

≒ 小(ちい)さい　ふくを　ください。 작은 옷을 주세요.

짝을 이루는 문형 1

る ことが ある	(가끔) ~하는 경우가(때가) 있다
	天気の いい 日は たまに 散歩する ことが あります。
	가끔 날씨가 좋은 날은 산책할 때가 있다.
た ことが ある	(과거에) ~한 적이 있습니다 (경험)
	日本に 行った とき、カラオケに 行った ことが あります。
	일본에 갔을 때, 가라오케에 간 적이 있습니다.
ことに する	~하기로 하다(결심)
	明日から ダイエットを する ことに しました。
	내일부터 다이어트를 하기로 했습니다.
ことに なる	~하게 되다
	来週、中国に 出張に 行く ことに なりました。
	다음주에 중국으로 출장 가게 되었습니다.
た ところだ	지금 막 ~한 참입니다
	いま、空港に 着いた ところです。
	지금 공항에 막 도착했습니다.
る ところだ	이제 ~하려는 참입니다
	いまから 料理を 作る ところです。
	지금부터 요리를 만들려는 참입니다.
ているところだ	~하고 있는 중입니다
	インターネットで ひこうきの 時間を 調べて いる ところです。
	인터넷으로 비행기 시간을 알아보고 있는 중입니다.
ばかり (てばかりいる)	~만, ~하기만 한다
	あした 試験なのに 弟は 遊んで ばかり いる。
	내일 시험인데 남동생은 놀기만 한다.
だけ	~만
	みんな せが 高い。でも、わたしだけ せが 低い。
	모두 키가 크다. 하지만 나만 키가 작다.

아래의 단어를 보고 읽는 법과 뜻을 적어 본 후 점선대로 접어서 답을 확인해 봅시다.
틀린 단어는 뒷 페이지 ☐에 V표시를 해 봅시다.

접는 선

단어	읽는 법과 뜻	
学生	がくせい	학생
運転		
止まる		
空く		
乗り換える		
歩く		
工事		
空港		
道路		
迷う		
船		
不便(な)		
混む		
安全(な)		
駅		
利用		
自動車		
自転車		
注意		
駐車場		
地下鉄		
特急		
便利(な)		

접으면 답을
확인할 수 있어요.

— 오사카 유니버설스튜디오 —

예처럼 빈칸을 채우면서 다시 한번
체크해 봅시다.

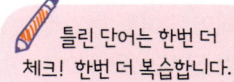
틀린 단어는 한번 더
체크! 한번 더 복습합니다.

읽는 법과 뜻		한자	읽는 법	의미
☐	がくせい 학생	예 学生	がくせい	학생
☐	うんてん 운전	運転		
☐	とまる (~가) 멈추다, 그치다	止まる		
☐	すく (속이) 비다 공간이 생기다	空く		
☐	のりかえる 갈아타다	乗り換える		
☐	あるく 걷다	歩く		
☐	こうじ 공사	工事		
☐	くうこう 공항	空港		
☐	どうろ 도로	道路		
☐	まよう (길을) 헤 매다, 망설이다	迷う		
☐	ふね 배	船		
☐	ふべん(な) 불편(한)	不便(な)		
☐	こむ 붐비다	混む		
☐	あんぜん(な) 안전(한)	安全(な)		
☐	えき 역	駅		
☐	りよう 이용	利用		
☐	じどうしゃ 자동차	自動車		
☐	じてんしゃ 자전거	自転車		
☐	ちゅうい 주의	注意		
☐	ちゅうしゃじ ょう 주차장	駐車場		
☐	ちかてつ 지하철	地下鉄		
☐	とっきゅう 특급	特急		
☐	べんり(な) 편리(한)	便利(な)		

DAY

DAY 20 mp3

여행

☐ 01 案内	☐ 02 一度	☐ 03 田舎	☐ 04 お土産
☐ 05 思い出	☐ 06 海外	☐ 07 計画	☐ 08 経験
☐ 09 見物	☐ 10 自由	☐ 11 出発	☐ 12 準備
☐ 13 スーツケース	☐ 14 楽しみ	☐ 15 近く	☐ 16 つもり
☐ 17 ドライブ	☐ 18 荷物	☐ 19 花見	☐ 20 プール
☐ 21 ホテル	☐ 22 港	☐ 23 予定	☐ 24 予約
☐ 25 旅館	☐ 26 旅行	☐ 27 和室	☐ 28 着く
☐ 29 包む	☐ 30 泊まる	☐ 31 並ぶ	☐ 32 見つかる
☐ 33 見つける	☐ 34 持つ	☐ 35 珍しい	

01 ★★★ ⑫⑩
あんない
案内
[명] [する] 안내

かんこう ち　　　　 ち いき　　 あんない
観光地には 地域の (案内)が たくさん ある。
관광지에는 지역 안내가 많이 있다.

---

02 ★ ⑮
いち ど
一度
[명] 한 번, 일회, 한 차례

いち ど　　 い
ペルーには (一度)も 行った ことが ない。
페루에는 한 번도 간 적이 없다.

03
いなか
田舎
[명] 시골

いなか　　 しず　　 くう き
(田舎)は 静かで 空気が きれいだ。
시골은 조용하고 공기가 깨끗하다.

---

04 ★★ ⑱⑮
みやげ
お土産
[명] 여행지 등에서 사오는 선물,
기념품, 토산품

かいしゃ　　 ひと　　　 みやげ　　 か
会社の 人に (お土産)を 買った。
회사 사람들에게 줄 선물을 샀다.

---

05 ★ ⑭
おも　　　 で
思い出
[명] 추억

こんかい　　 りょこう　　　　 たの　　 おも　 で
今回の 旅行では 楽しい (思い出)が できた。
이번 여행에서는 즐거운 추억이 생겼다.

---

06 ★
かいがい
海外
[명] 해외

かいがい　　 い
パスポートが なければ、(海外)に 行けない。
여권이 없으면 해외에 갈 수 없다.

---

07 ★★ ⑮
けいかく
計画
[명] [する] 계획

さいしゅう び　　　　　　　　　　　　 けいかく
最終日には バーベキューを (計画)して いる。
마지막 날에는 바비큐 파티를 계획하고 있다.

08 ★★ [13] [11] ☐☐

けいけん
経験

[명] [する] 경험

初(はじ)めて ひとり 旅(たび)を (経験(けいけん))した。
처음으로 혼자 하는 여행을 경험했다.

---

09 ☐☐

けんぶつ
見物

[명] [する] 구경

京都(きょうと)の お寺(てら)を (見物(けんぶつ))する 観光客(かんこうきゃく)が 増(ふ)えて いる。
교토의 절을 구경하는 관광객이 늘고 있다.

---

10 ★ ☐☐

じ ゆう
自由

[명] 자유

旅行中(りょこうちゅう)は 地下鉄(ちかてつ)で (自由(じゆう))に 行動(こうどう)した。
여행 중에는 지하철로 자유롭게 행동했다.

---

11 ★★★ [11] ☐☐

しゅっぱつ
出発

[명] [する] 출발

飛行機(ひこうき)の (出発(しゅっぱつ))は 9時(じ)20分(ぷん)だ。
비행기 출발은 9시 20분이다.

---

12 ★★ ☐☐

じゅん び
準備

[명] [する] 준비

ハワイに 行(い)くなら、サングラスも (準備(じゅんび))しよう。
하와이에 갈 거면 선글라스도 준비하자.

---

13 ☐☐

スーツケース

[명] 수트케이스, 여행용 가방

お土産(みやげ)を 買(か)いすぎて、(スーツケース)が 重(おも)い。
선물을 너무 많이 사서 여행 가방이 무겁다.

---

14 ☐☐

たの
楽しみ

[명] 즐거움, 낙, 기다려짐

今(いま)から 夏休(なつやす)みが (楽(たの)しみ)だ。
지금부터 여름휴가가 기대된다.

[+] 楽(たの)しむ 즐기다

15 ★
ちか
近く
명 근처, 가까운 곳

くうこう 　 ちか 　 　 と
空港の (近く)の ホテルに 泊まった。
공항 근처 호텔에 묵었다.

16
つもり
명 생각, 작정, 의도

あたら 　　　　　　 か
新しい カメラを 買う (つもり)だ。
새 카메라를 살 생각이다.

17
ドライブ
명 する 드라이브

ど よう び 　 かいがん 　　　　　　　　 い
土曜日は 海岸まで (ドライブ)しに 行く。
토요일은 해안까지 드라이브하러 간다.

18
に もつ
荷物
명 짐

しゅっぱつまえ 　 に もつ 　 じゅん び
出発前に (荷物)の 準備を した。
출발 전에 짐 준비를 했다.

19
はな み
花見
명 する 꽃 구경

まいとし 　　　 こうえん 　　　 はな み
毎年 この公園で お(花見)を する。
매년 이 공원에서 꽃구경을 한다.

20
プール
명 수영장

がっこう 　　　　　　 すいえい 　 れんしゅう
学校の (プール)で 水泳の 練習を した。
학교 수영장에서 수영 연습을 했다.

21
ホテル
명 호텔

　　　　　 ぼし 　　　　　　　　 と
いつか 5つ星 (ホテル)に 泊まりたい。
언젠가 5성급 호텔에 묵고 싶다.

22 ★★ ⑪ □□
みなと
港
[명] 항구

こうべ よこはま みなと けしき うつく
神戸や 横浜は、(港)の 景色が 美しい。
고베나 요코하마는 항구의 경치가 아름답다.

---

23 ★★ ⑱⑮⑫ □□
よ てい
予定
[명] [する] 예정

でんしゃ じ とうきょうえき つ よてい
電車は 10時に 東京駅に 着く (予定)です。
열차는 10시에 도쿄 역에 도착할 예정입니다.

---

24 ★★★ ⑬⑪ □□
よ やく
予約
[명] [する] 예약

し ごと いそが よやく
仕事が 忙しくて、レストランの (予約)を キャンセル
した。
일이 바빠서 레스토랑 예약을 취소했다.

---

25 ★★ ⑩ □□
りょかん
旅館
[명] 여관

りょかん ゆかた き す
(旅館)では 浴衣を 着て 過ごした。
료칸(일본 전통 숙박 시설)에서는 유카타를 입고 지냈다.

---

26 ★ ⑬ □□
りょこう
旅行
[명] [する] 여행

りょこう けいかく とき たの
(旅行)は 計画している 時から 楽しい ものだ。
여행은 계획할 때부터 즐거운 법이다.

---

27 □□
わ しつ
和室
[명] (다다미를 깐) 일본식 방

おんせんりょこう わしつ よやく
温泉旅行では (和室)を 予約した。
온천 여행에서는 다다미방을 예약했다.
➕ 洋室 ようしつ 양실(서양식 방)

---

28 ★★★ ⑮ □□
つ
着く
[동] 도착하다

ともだち つ れんらく
友達に 「もうすぐ(着く)」と 連絡した。
친구에게 곧 도착한다고 연락했다.

29 ★★ ⑫ □ □
つつ
包む
동 싸다, 두르다

お土産で 買った お皿を、新聞紙で (包んだ)。
선물로 산 접시를 신문지로 쌌다.

30 □ □
と
泊まる
동 숙박하다, 머무르다

この部屋は 四人で (泊まる)には せまい。
이 방은 4명이 묵기에는 좁다.

31 ★ □ □
なら
並ぶ
동 늘어서다, 줄을 서다

ラーメン屋の 長い列に (並んだ)。
라면 가게의 긴 행렬에 줄을 섰다.

➕ 並べる 줄 세우다, 늘어놓다, 배열하다

32 □ □
み
見つかる
동 발견되다, 찾게 되다

ガイドブックに 出て いる 店が (見つからない)。
가이드북에 나와 있는 가게가 보이지 않는다.

33 □ □
み
見つける
동 발견하다, 찾다

あとで、昨日 (見つけた) カフェに 行こう。
나중에 어제 발견한 카페에 가자.

34 ★ □ □
も
持つ
동 가지다, 들다

両手に 重い 荷物を (持って) 歩いた。
양손에 무거운 짐을 들고 걸었다.

35 ★ □ □
めずら
珍しい
イ 진귀하다, 드물다

外国には (珍しい) 食べ物が たくさん ある。
외국에는 신기한 음식이 많이 있다.

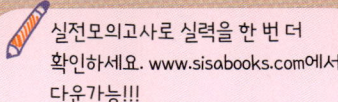

실전모의고사로 실력을 한 번 더 확인하세요. www.sisabooks.com에서 다운가능!!!

1 해당 어휘의 음독을 찾고, 빈칸에 의미를 적으세요.

예	学生	✓① がくせい	② がっせい	_____학생_____

1	港	① みずうみ	② みなと	_____
2	計画	① けいかく	② けえかく	_____
3	予定	① ようてい	② よてい	_____
4	経験	① けいげん	② けいけん	_____
5	着く	① つく	② とどく	_____

2 문맥에 맞는 단어를 골라, 알맞은 형태로 만드세요. 표제어 번호

6 会社の 人に (　　　　　　)を 買った。 **04**

7 今回の 旅行では 楽しい (　　　　　　)が できた。 **05**

8 飛行機の (　　　　　　)は 9時20分だ。 **11**

9 仕事が 忙しくて、レストランの (　　　　　　)を キャンセル した。 **24**

10 今から 夏休みが (　　　　　　)だ。 **14**

楽しみ	出発	思い出	お土産	予約

정답

1 ② 항구　2 ① 계획　3 ② 예정　4 ② 경험　5 ① 도착하다
6 お土産　7 思い出　8 出発　9 予約　10 楽しみ

유의어 2

父は しょくじを して います。⑫　아빠는 식사를 하고 있습니다.

≒ 父は ごはんを 食べて います。　아빠는 밥을 먹고 있습니다.

この ジュースは ひえて いる。⑫　이 주스는 차가워져 있다.

≒ この ジュースは つめたい。　이 주스는 차갑다.

だんせいは ここに 来て ください。⑫　남성은 여기로 와 주세요.

≒ おとこの 人は ここに 来て ください。　남자는 여기로 와 주세요.

この こうじょうでは 車を せいさん して います。⑫　이 공장에서는 차를 생산하고 있습니다.

≒ この こうじょうでは 車を つくって います。　이 공장에서는 차를 만들고 있습니다.

こしょうした パソコンは どれですか。⑫　고장 난 컴퓨터는 어느 것입니까?

≒ こわれた パソコンは どれですか。　망가진 컴퓨터는 어느 것입니까?

手が よごれて います。⑫　손이 더러워져 있습니다.

≒ 手が きたないです。　손이 더럽습니다.

あの 店で しょくりょうひんを 買いました。⑫　저 가게에서 식료품을 샀습니다.

≒ あの 店で にくや やさいを 買いました。　저 가게에서 고기와 채소를 샀습니다.

あそこで おどっているのが たなかさんです。⑫
저기에서 춤추고 있는 것이 다나카 씨입니다.

≒ あそこで ダンスを して いるのが たなかさんです。
저기에서 춤추고 있는 것이 다나카 씨입니다.

わたしたちは ふたりで しょうらいの ことを 話しました。⑫
우리들은 둘이서 장래에 대해 이야기했습니다.

≒ わたしたちは ふたりで これからの ことを 話しました。
우리들은 둘이서 앞으로에 대해 이야기했습니다.

おとうとは あそこで アルバイトを して います。⑬
남동생은 저기에서 아르바이트를 하고 있습니다.

≒ おとうとは あそこで はたらいて います。　남동생은 저기에서 일하고 있습니다.

あの 人は ほんとうに うつくしいです。⑬　저 사람은 정말로 아름답습니다.

≒ あの 人は ほんとうに きれいです。　저 사람은 정말로 예쁩니다.

아래의 단어를 보고 읽는 법과 뜻을 적어 본 후 점선대로 접어서 답을 확인해 봅시다.
틀린 단어는 뒷 페이지 ☐ 에 V표시를 해 봅시다.

접는 선

단어	읽는 법과 뜻	
学生	がくせい	학생
持つ		
経験		
計画		
花見		
並ぶ		
着く		
包む		
案内		
旅館		
旅行		
お土産		
予約		
予定		
自由		
準備		
楽しみ		
珍しい		
思い出		
出発		
一度		
港		
海外		

✎ 접으면 답을
확인할 수 있어요.

― 도쿄역 ―

예처럼 빈칸을 채우면서 다시 한번
체크해 봅시다.

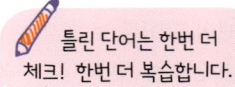

틀린 단어는 한번 더
체크! 한번 더 복습합니다.

읽는 법과 뜻
☐ がくせい 학생
☐ もつ 가지다, 들다
☐ けいけん 경험
☐ けいかく 계획
☐ はなみ 꽃구경
☐ ならぶ 늘어서다, 줄을 서다
☐ つく 도착하다
☐ つつむ 싸다
☐ あんない 안내
☐ りょかん 여관
☐ りょこう 여행
☐ おみやげ 기념품, 토산품
☐ よやく 예약
☐ よてい 예정
☐ じゆう 자유
☐ じゅんび 준비
☐ たのしみ 즐거움, 낙, 기다려짐
☐ めずらしい 진귀하다, 드물다
☐ おもいで 추억
☐ しゅっぱつ 출발
☐ いちど 한 번, 일회, 한 차례
☐ みなと 항구
☐ かいがい 해외

한자	읽는 법	의미
예 学生	がくせい	학생
持つ		
経験		
計画		
花見		
並ぶ		
着く		
包む		
案内		
旅館		
旅行		
お土産		
予約		
予定		
自由		
準備		
楽しみ		
珍しい		
思い出		
出発		
一度		
港		
海外		

老人と若い人の未来

最近 ある 雑誌に のせられた SF 小説が 話題に なった。それは 世界の 人口の 半分に なった 老人たちが 別の 星に 行って 住むという 話だ。そこでは 体が 軽く なって 自由に 動ける ように なった 老人が 新しい 生活を 始める。また 地球に 残った 若い 人たちは、人口が 少なく なったために 競争も なくなり、将来に 希望を 持つ ことが できる ように なる。老人が 増えて いく ことで 起きる 問題や、若い 人たちが 安心して 結婚し 子どもを 育てる ことが 難しい 現実。今、世界の 国が 解決しなければ ならない 問題を、社会の 制度を 変える だけではなく、夢の ある 未来を 想像して みるのも 必要ではないだろうか。

노인과 젊은이의 미래

최근에 어느 잡지에 실린 SF소설이 화제가 되었다. 그건 세계 인구의 반이 노인이 된 사람들이 다른 별(행성)에 가서 산다는 이야기이다. 거기에서는 몸이 가벼워져 자유롭게 움직일 수 있는 노인이 새로운 생활을 시작한다. 또한, 지구에 남은 젊은 사람들은 인구가 적어져 경쟁도 없어지고, 장래의 희망을 가질 수 있게 된다. 노인이 늘면서 일어나는 문제나 젊은이들이 안심하고 결혼해서 아이를 키우는 것이 어려운 현실. 지금 세계의 나라가 해결해야만 하는 문제를 사회 제도를 바꾸는 것뿐만 아니라 꿈이 있는 미래를 상상해 보는 것도 필요한 것은 아닐까?

MEMO

DAY 21

DAY 21 mp3

취미와 운동

알고 있는 단어를 체크해 봅시다.

☐ 01 歌	☐ 02 運動	☐ 03 映画	☐ 04 踊り
☐ 05 興味	☐ 06 ゲーム	☐ 07 試合	☐ 08 写真
☐ 09 柔道	☐ 10 趣味	☐ 11 小説	☐ 12 水泳
☐ 13 ダンス	☐ 14 バスケット	☐ 15 バレーボール	☐ 16 文学
☐ 17 まんが	☐ 18 野球	☐ 19 山登り	☐ 20 集まる
☐ 21 集める	☐ 22 歌う	☐ 23 泳ぐ	☐ 24 勝つ
☐ 25 聞く	☐ 26 釣る	☐ 27 投げる	☐ 28 登る
☐ 29 走る	☐ 30 弾く	☐ 31 負ける	☐ 32 読む
☐ 33 新しい	☐ 34 上手(な)	☐ 35 有名(な)	

| 01 □□
 うた
 歌
 명 노래 | 外国語は (歌)で 覚えると 楽しいです。
 외국어는 노래로 외우면 즐겁습니다. |

| 02 ★★ ⑫□□
 うんどう
 運動
 명 する 운동 | 日曜日は 毎朝 公園で (運動)します。
 일요일에는 매일 아침 공원에서 운동을 합니다.
 ＋ 運動会 운동회 |

| 03 ★ ⑭□□
 えいが
 映画
 명 영화 | 毎月 1日は 誰でも 安く (映画)が 見られる。
 매달 1일은 누구라도 싸게 영화를 볼 수 있다.
 ＋ 映画館 영화관 |

| 04 □□
 おど
 踊り
 명 춤 | 音楽に 合わせて (踊り)を 踊りました。
 음악에 맞춰 춤을 추었습니다. |

| 05 ★ □□
 きょうみ
 興味
 명 흥미 | 子どもたちは みんな マンガに (興味)が ある。
 아이들은 모두 만화에 흥미가 있다. |

| 06 □□
 ゲーム
 명 게임 | 一日 1時間だけ (ゲーム)を する 約束を した。
 하루에 한 시간만 게임을 할 약속을 했다. |

| 07 ★★ ⑭□□
 しあい
 試合
 명 する 시합 | 野球場で (試合)を 見るのは 初めてです。
 야구장에서 시합을 보는 것은 처음입니다. |

08
しゃしん
写真
명 사진

カメラが 好きで、(写真) コンテストに 応募したり して います。

카메라를 좋아해서, 사진 콘테스트에 응모하기도 합니다.

➕ 写真家 사진가

09
じゅうどう
柔道
명 유도

(柔道)は 日本の 伝統的な スポーツだ。

유도는 일본의 전통적인 스포츠이다.

---

10 ★★
しゅ み
趣味
명 취미

私の (趣味)は 海外旅行です。

나의 취미는 해외 여행입니다.

---

11 ★★ ⑪
しょうせつ
小説
명 소설

読書が 好きで、特に (小説)を よく 読む。

독서를 좋아하고 특히 소설을 자주 읽는다.

➕ 小説家 소설가

---

12 ★
すいえい
水泳
명 する 수영

走るのは 苦手だが、(水泳)は 得意だ。

달리는 것은 잘 못하지만 수영은 자신있다.

13
ダンス
명 댄스, 춤

学校の 祭りで (ダンス)を した。

학교 축제에서 댄스를 했다.

14
バスケット
명 농구

子どもの 頃、(バスケット)の まんがが 好きだった。

어릴 때 농구만화를 좋아했다.

➕ サッカー 축구

---

15 バレーボール 명 배구	(バレーボール)選手は 背が 高い 人ばかりではない。 배구 선수는 키가 큰 사람만 있는 것은 아니다.
16 ぶんがく 文学 명 문학	大学では、フランス(文学)を よく 読んだ。 대학에서는 프랑스 문학을 자주 읽었다.
17 まんが 명 만화	息子の 好きな (まんが)が 映画化された。 아들이 좋아하는 만화가 영화화 되었다.
18 ★ や きゅう 野球 명 야구	父は テレビで (野球)の 試合を 見て いる。 아버지는 TV로 야구 경기를 보고 있다.
19 やまのぼ 山登り 명 등산	週末は、朝から (山登り)を する。 주말은 아침부터 등산을 한다. ➕ 登山 등산
20 ★★ あつ 集まる 동 모이다	久しぶりに 友達が みんな (集まった)。 오랜만에 친구들이 모두 모였다.
21 ★★ あつ 集める 동 모으다	⑫ 私の 趣味は 時計を (集める) ことだ。 나의 취미는 시계를 수집하는 것이다.

22
うた
歌う
동 (노래) 부르다

カラオケで (歌う)と 気分が よく なる。
노래방에서 노래를 부르면 기분이 좋아진다.

23 ★★★ ⑮ ⑭
およ
泳ぐ
동 헤엄치다

海で (泳ぐ)のは、プールで (泳ぐ)より 大変だ。
바다에서 수영하는 것은 수영장에서 수영하는 것보다 힘들다.

24 ★★
か
勝つ
동 이기다

試合に (勝つ)ために 練習を 頑張る。
시합에 이기기 위해 연습을 열심히 한다.

25
き
聞く
동 ①듣다, ②묻다

① 友達の 話を (聞いて)、アドバイスを した。
친구의 이야기를 듣고 조언을 했다.

② 交番で 道を (聞いた)。
파출소에서 길을 물었다.

26
つ
釣る
동 잡다, 낚시하다

海で (釣った) 魚を 料理して 食べた。
바다에서 잡은 물고기를 요리해서 먹었다.

27
な
投げる
동 던지다

彼は ボールを 遠くに (投げた)。
그는 공을 멀리 던졌다.

28 ★
のぼ
登る
동 (높은 곳에) 오르다

今年は 富士山に (登る) ことが 目標です。
올해는 후지산에 오르는 것이 목표입니다.

| 29 ★★★ ⑮⑬ □□ | 健康のために 毎日 (走って) いる。 |
| はし
走る
동 달리다 | けんこう まいにち はし
건강을 위해 매일 달리고 있다. |

| 30 □□ | ギターを (弾きながら) 歌える ように なりたい。 |
| ひ
弾く
동 (악기를) 치다, 켜다(연주하다) | ひ うた
기타를 치면서 노래를 부를 수 있게 되었음 좋겠다. |

| 31 ★★ □□ | 娘は サッカーの 試合で (負けて) 泣いて しまった。 |
| ま
負ける
동 지다 | むすめ しあい ま な
딸은 축구 시합에서 져서 울고 말았다. |

| 32 □□ | 一週間に 一冊くらい 本を (読む)。 |
| よ
読む
동 읽다 | いっしゅうかん いっさつ ほん よ
일주일에 한 권정도 책을 읽는다. |

| 33 ★★ □□ | (新しい) 趣味を 見つけたい。 |
| あたら
新しい
イ 새롭다 | あたら しゅみ み
새로운 취미를 찾고 싶다. |

| 34 □□ | すみれさんは 絵が とても (上手だ)。 |
| じょう ず
上手(な)
ナ 잘하는, 능숙한 | え じょう ず
스미레씨는 그림을 아주 잘 그린다.
⇆ 下手(な) 서툰, 못하는 |

| 35 □□ | (有名な) 俳優が 出る ミュージカルを 見に 行った。 |
| ゆうめい
有名(な)
ナ 유명(한) | ゆうめい はいゆう で み い
유명한 배우가 나오는 뮤지컬을 보러 갔다. |

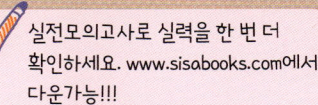

실전모의고사로 실력을 한 번 더 확인하세요. www.sisabooks.com에서 다운가능!!!

확인해 볼까요?

1 해당 어휘의 음독을 찾고, 빈칸에 의미를 적으세요.

| 예 | 学生 | ✓① がくせい | ② がっせい | <u>학생</u> |

1	走る	① はしる	② まもる	_____
2	小説	① しょせつ	② しょうせつ	_____
3	野球	① やきゅう	② やきゅ	_____
4	泳ぐ	① およぐ	② いそぐ	_____
5	映画	① えがく	② えいが	_____

2 문맥에 맞는 단어를 골라, 알맞은 형태로 만드세요. 〔표제어 번호〕

6 試合に (　　　　　　) ために 練習を 頑張る。 〔24〕

7 私の 趣味は 時計を (　　　　　　) ことだ。 〔21〕

8 子どもたちは みんな マンガに (　　　　　　) が ある。 〔05〕

9 野球場で (　　　　　　) を 見るのは 初めてです。 〔07〕

10 海で (　　　　　　) のは、プールで (　　　　　　) より 大変だ。 〔23〕

| | 試合　　集める　　勝つ　　興味　　泳ぐ | |

정답

1 ① 달리다　2 ② 소설　3 ① 야구　4 ① 헤엄치다　5 ② 영화
6 勝つ　7 集める　8 興味　9 試合　10 泳ぐ

유의어 3

あの 店は すいて います。⑬　저 가게는 비어 있습니다.

≒ あの 店は おきゃくさんが 少ないです。　저 가게는 손님이 적습니다.

きのうの 話は うそですよ。⑬　어제 이야기는 거짓말이예요.

≒ きのうの 話は ほんとうじゃありませんよ。　어제 이야기는 진실이 아닙니다.

やまださんは 何時ごろ もどりますか。⑬　야마다 씨는 몇 시쯤 돌아옵니까?

≒ やまださんは 何時ごろ かえって きますか。　야마다 씨는 몇 시쯤 돌아옵니까?

この 国は こめを ゆしゅつして いますか。⑬　이 나라는 쌀을 수출하고 있습니까?

≒ この 国は こめを ほかの 国に うって いますか。
이 나라는 쌀을 다른 나라에 팔고 있습니까?

たなかさんは にこにこして いました。⑬　다나카 씨는 생글생글 웃고 있었습니다.

≒ たなかさんは わらって いました。　다나카 씨는 웃고 있었습니다.

新しい かぐが ほしいです。⑬　새 가구를 갖고 싶습니다.

≒ 新しい つくえや ベッドが ほしいです。　새 책상과 침대를 갖고 싶습니다.

これは とても だいじです。⑭　이것은 매우 중요합니다.

≒ これは とても たいせつです。　이것은 매우 소중합니다.

ここは きんえんです。⑭　여기는 금연입니다.

≒ ここで たばこを すっては いけません。　여기에서 담배를 피워서는 안됩니다.

きょう 父に しかられました。⑭　어제 아버지에게 혼났습니다.

≒ きょう 父に おこられました。　어제 아버지에게 야단맞았습니다.

あしたの 9時に そちらに とどけます。⑭　내일 9시에 그 쪽으로 보내겠습니다.

≒ あしたの 9時に もって いきます。　내일 9시에 들고 가겠습니다.

아래의 단어를 보고 읽는 법과 뜻을 적어 본 후 점선대로 접어서 답을 확인해 봅시다.
틀린 단어는 뒷 페이지 ☐에 V표시를 해 봅시다.

접는 선

단어	읽는 법과 뜻	
学生	がくせい	
運動		
登る		
走る		
投げる		
聞く		
山登り		
集める		
文学		
歌う		
写真		
新しい		
小説		
水泳		
試合		
野球		
映画		
有名(な)		
勝つ		
負ける		
趣味		
泳ぐ		
興味		

✏️ 접으면 답을
확인할 수 있어요.

— 오사카 도톰보리 —

예처럼 빈칸을 채우면서 다시 한번 체크해 봅시다.

틀린 단어는 한번 더 체크! 한번 더 복습합니다.

한자	읽는 법	의미
예 学生	がくせい	
運動		
登る		
走る		
投げる		
聞く		
山登り		
集める		
文学		
歌う		
写真		
新しい		
小説		
水泳		
試合		
野球		
映画		
有名(な)		
勝つ		
負ける		
趣味		
泳ぐ		
興味		

읽는 법과 뜻

□	がくせい 학생
□	うんどう 운동
□	のぼる (높은 곳에) 오르다
□	はしる 달리다
□	なげる 던지다
□	きく 듣다, 묻다
□	やまのぼり 등산
□	あつめる 모으다
□	ぶんがく 문학
□	うたう (노래) 부르다
□	しゃしん 사진
□	あたらしい 새롭다
□	しょうせつ 소설
□	すいえい 수영
□	しあい 시합
□	やきゅう 야구
□	えいが 영화
□	ゆうめい(な) 유명(한)
□	かつ 이기다
□	まける 지다
□	しゅみ 취미
□	およぐ 헤엄치다
□	きょうみ 흥미

DAY 22

DAY 22 mp3

자연과 동물

알고 있는 단어를 체크해 봅시다.

☐ 01 池	☐ 02 石	☐ 03 牛	☐ 04 馬
☐ 05 海	☐ 06 枝	☐ 07 音	☐ 08 海岸
☐ 09 草	☐ 10 景色	☐ 11 声	☐ 12 坂
☐ 13 魚	☐ 14 坂道	☐ 15 島	☐ 16 砂
☐ 17 動物	☐ 18 鳥	☐ 19 葉	☐ 20 花
☐ 21 林	☐ 22 火	☐ 23 光	☐ 24 湖
☐ 25 緑	☐ 26 虫	☐ 27 森	☐ 28 山道
☐ 29 植える	☐ 30 折る	☐ 31 光る	☐ 32 見える
☐ 33 浅い	☐ 34 美しい	☐ 35 深い	

01 ★ いけ **池** 명 연못	この (池)には 大きな 魚が 2匹 いる。 이 연못에는 큰 물고기가 2마리 있다.
02 いし **石** 명 돌	子どもたちが、(石)を 集めて 遊んで いる。 아이들이 돌을 모으며 놀고 있다.
03 うし **牛** 명 소	(牛)の 目は 丸くて かわいい。 소의 눈은 동그랗고 귀엽다.
04 うま **馬** 명 말	子どもの ころ、 よく (馬)に 乗る 練習を した ものだ。 어릴 적에 자주 말 타는 연습을 하곤 했다.
05 ★ うみ **海** 명 바다	(海)に 入るために、水着に 着替えた。 바다에 들어가기 위해 수영복으로 갈아입었다.
06 ★★ えだ **枝** 명 나뭇가지	森には 小さい 木の (枝)が たくさん 落ちて いた。 숲에는 작은 나뭇가지가 많이 떨어져 있었다.
07 ★ おと **音** 명 소리, 음	海からは 波の (音)が 聞こえる。 바다에서 파도 소리가 들린다. ➕ 声 (사람·동물) 목소리

08 ★ かいがん 海岸 명 해안

去年の 夏は、(海岸)で バーベキューを した。
작년 여름은 해안에서 바비큐 파티를 했다.

09 ★★ くさ 草 명 풀

牛は (草)を たくさん 食べて 育つ。
소는 풀을 많이 먹고 자란다.

10 けしき 景色 명 경치

車の 窓から きれいな (景色)が 見えた。
차창 밖으로 아름다운 경치가 보였다.

11 ★ こえ 声 명 목소리

山で 大きな (声)で 話したり 歌ったり した。
산에서 큰 소리로 이야기를 하기도 하고 노래를 부르기도 했다.

12 ★ さか 坂 명 언덕

この (坂)を 上がった ところに、私の 家が ある。
이 언덕을 올라간 곳에 내 집이 있다.

13 さかな 魚 명 물고기, 생선

川には きれいな 色の (魚)が 泳いで いた。
강에는 예쁜 색깔의 물고기가 헤엄치고 있었다.

14 ★ さかみち 坂道 명 언덕길, 비탈길

(坂道)を 登って 疲れた。
언덕길을 올라서 지쳤다.

15 ★★ しま **島** 명 섬	とうきょう と 東京都には たくさんの (島)が ある。 도쿄도에는 많은 섬이 있다.
16 ★★ すな **砂** 명 모래	すな うえ て じぶん なまえ か (砂)の 上に 手で 自分の 名前を 書いた。 모래 위에 손으로 자기 이름을 썼다.
17 どうぶつ **動物** 명 동물	もり どうぶつ す 森には いろいろな (動物)が 住んでいる。 숲에는 여러 동물이 살고 있다. しょくぶつ ➕ 植物 식물
18 とり **鳥** 명 새	とり な こえ き (鳥)が 鳴く 声が 聞こえる。 새가 지저귀는 소리가 들린다.
19 は **葉** 명 잎	あき は いろ きいろ あか か 秋に なると (葉)の 色が 黄色や 赤に 変わる。 가을이 되면 잎의 색깔이 노랑이나 빨강으로 변한다.
20 はな **花** 명 꽃	はな なまえ し この (花)の 名前を 知って いますか。 이 꽃의 이름을 알고 있나요?
21 ★★ はやし **林** 명 수풀, 숲	ひとびと はやし き き せいかつ 人々は (林)の 木を 切って 生活している。 사람들은 숲의 나무를 베어 생활하고 있다.

22		キャンプでは、枝に (火) を つけて 料理を した。
ひ		캠프에서는 나뭇가지에 불을 붙여 요리를 했다.
火		
명 불		

23 ★		一日の はじめに 太陽の (光) を 見る。
ひかり		하루의 시작으로 태양빛을 본다.
光		
명 빛		

24 ★★		ボートに 乗って (湖) に 出た。
みずうみ		보트를 타고 호수로 나갔다.
湖		
명 호수		

25 ★★		(緑)は リラックス効果が ある 色だ。
みどり		초록색은 릴렉스 효과가 있는 색이다.
緑		
명 녹색, 새싹		

26		私は 大きい (虫)が 苦手だ。
むし		나는 큰 벌레를 싫어한다.
虫		
명 벌레		

27 ★★		(森)の なかで 迷うと 危険だ。
もり		숲 속에서 헤매면 위험하다.
森		
명 숲		

28		(山道)で うさぎを 見つけた。
やまみち		산길에서 토끼를 발견했다.
山道		
명 산길		

---

29 ★★★
う
植える
동 심다

そ ふ　　いえ　　　や さい　　たね　　う
祖父の 家で、野菜の 種を (植えた)。
할아버지 댁에서 채소 씨앗을 심었다.

---

30 ★★
お
折る
동 꺾다

き　えだ　　はな　　お
木の 枝や 花を (折っては) いけない。
나뭇가지나 꽃을 꺾어서는 안 된다.

---

31 ★　⑱
ひか
光る
동 빛나다

うみ　　　　　　　　ひか
海が きらきら (光って) いるみたいだ。
바다가 반짝반짝 빛나고 있는 것 같다.

32
み
見える
동 보이다

やま　　　わたし　す　まち　み
この山からは、私の 住む 町が (見える)。
이 산에서는 내가 사는 동네가 보인다.

---

33 ★★
あさ
浅い
イ 얕다

わたし　　　　およ　　　　　　　うみ　あさ　　　　　　あそ
私たちは 泳げないので、海の (浅い) ところで 遊んだ。
우리들은 수영을 못해서, 바닷물이 얕은 곳에서 놀았다.

34
うつく
美しい
イ 아름답다

うつく　　もり　けしき　み　かんどう
(美しい) 森の 景色を 見て 感動した。
아름다운 숲의 경치를 보고 감동했다.

---

35 ★★
ふか
深い
イ 깊다

かわ　　ふか
この川は (深い)ので 入らないで ください。
이 강은 깊으니까 들어가지 마세요.

📋 **확인해 볼까요?**

1 해당 어휘의 음독을 찾고, 빈칸에 의미를 적으세요.

예	学生	☑①がくせい	②がっせい	학생

1	植える	① うえる	② きえる	___
2	石	① いわ	② いし	___
3	深い	① あさい	② ふかい	___
4	光る	① ひかる	② とまる	___
5	森	① はやし	② もり	___

2 문맥에 맞는 단어를 골라, 알맞은 형태로 만드세요. 〔표제어 번호〕

6 森には 小さい 木の (　　　　) が たくさん 落ちて いた。　〔06〕

7 木の 枝や 花を (　　　　) は いけない。　〔30〕

8 (　　　　) を 登って 疲れた。　〔14〕

9 私たちは 泳げないので、海の (　　　　) ところで 遊んだ。　〔33〕

10 ボートに 乗って (　　　　) に 出た。　〔24〕

みずうみ	さかみち	あさ	えだ	お
湖	坂道	浅い	枝	折る

정답

1 ① 심다 2 ② 돌 3 ② 깊다 4 ① 빛나다 5 ② 숲
6 枝 7 折って 8 坂道 9 浅い 10 湖

자타동사

● 자동사

ドアが開^あく	문이 열리다
窓^{まど}が閉^しまる	창문이 닫히다
電気^{でんき}がつく	전기(전등)이 켜지다
タクシーが止^とまる	택시가 멈추다
火^ひが消^きえる	불이 꺼지다
たくさんの人^{ひと}が並^{なら}ぶ	많은 사람이 줄 서다
バスの料金^{りょうきん}が上^あがる	버스 요금이 오르다
気温^{きおん}が下^さがる	기온이 떨어지다
連絡^{れんらく}が切^きれる	연락이 끊기다
虫^{むし}が目^めの中^{なか}に入^{はい}る	벌레가 눈 속에 들어오다
荷物^{にもつ}が落^おちる	짐이 떨어지다
木^きが倒^{たお}れる	나무가 쓰러지다
卵^{たまご}が割^われる	달걀이 깨지다
せきが出^でる	기침이 나오다
音楽^{おんがく}が流^{なが}れる	음악이 흐르다
ご飯^{はん}が冷^ひえる	밥이 식다
みんなが集^{あつ}まる	모두 모이다
テレビが壊^{こわ}れる	텔레비전이 망가지다

★ **자동사** : 목적어를 동반하지 않는 동사.
조사는 「が」를 쓴다.

● 타동사

ドアを開^あける	문을 열다
窓^{まど}を閉^しめる	창문을 닫다
電気^{でんき}をつける	전기(전등)을 켜다
タクシーを止^とめる	택시를 세우다
火^ひを消^けす	불을 끄다
お皿^{さら}を並^{なら}べる	접시를 진열하다
手^てを上^あげる	손을 올리다
手^てを下^さげる	손을 내리다
糸^{いと}を切^きる	실을 자르다
さいふをかばんに入^いれる	지갑을 가방에 넣다
荷物^{にもつ}を落^おとす	짐을 떨어뜨리다
木^きを倒^{たお}す	나무를 쓰러뜨리다
卵^{たまご}を割^わる	달걀을 깨다
ごみを出^だす	쓰레기를 내놓다
水^{みず}を流^{なが}す	물을 흘려 보내다
ビールを冷^ひやす	맥주를 차게 하다
切手^{きって}を集^{あつ}める	우표를 모으다
建物^{たてもの}を壊^{こわ}す	건물을 부수다

★ **타동사** : 목적어를 동반하는 동사. 조사는 「を」를 쓴다

복습해 볼까요?

아래의 단어를 보고 읽는 법과 뜻을 적어 본 후 점선대로 접어서 답을 확인해 봅시다.
틀린 단어는 뒷 페이지 ☐에 V표시를 해 봅시다.

접는 선

단어	읽는 법과 뜻	
学生	がくせい	
池		
景色		
深い		
折る		
枝		
緑		
石		
動物		
砂		
声		
虫		
光		
光る		
音		
林		
森		
植える		
浅い		
坂		
葉		
草		
湖		

접으면 답을 확인할 수 있어요.

― 삿포로 시계탑 ―

예처럼 빈칸을 채우면서 다시 한번
체크해 봅시다.

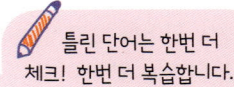

틀린 단어는 한번 더
체크! 한번 더 복습합니다.

읽는 법과 뜻		한자	읽는 법	의미
☐	がくせい 학생	学生 **(예)**	がくせい	
☐	いけ 연못	池		
☐	けしき 경치	景色		
☐	ふかい 깊다	深い		
☐	おる 꺾다	折る		
☐	えだ 나뭇가지	枝		
☐	みどり 녹색, 새싹	緑		
☐	いし 돌	石		
☐	どうぶつ 동물	動物		
☐	すな 모래	砂		
☐	こえ 목소리	声		
☐	むし 벌레	虫		
☐	ひかり 빛	光		
☐	ひかる 빛나다	光る		
☐	おと 소리, 음	音		
☐	はやし 수풀, 숲	林		
☐	もり 숲	森		
☐	うえる 심다	植える		
☐	あさい 얕다	浅い		
☐	さか 언덕	坂		
☐	は 잎	葉		
☐	くさ 풀	草		
☐	みずうみ 호수	湖		

DAY 23

DAY 23 mp3

계절과 날씨

☐ 01 秋	☐ 02 エアコン	☐ 03 風	☐ 04 季節
☐ 05 空気	☐ 06 雲	☐ 07 氷	☐ 08 空
☐ 09 台風	☐ 10 暖房	☐ 11 月	☐ 12 天気
☐ 13 天気予報	☐ 14 度	☐ 15 夏	☐ 16 場合
☐ 17 春	☐ 18 日	☐ 19 冬	☐ 20 星
☐ 21 雪	☐ 22 冷房	☐ 23 折れる	☐ 24 乾く
☐ 25 比べる	☐ 26 暮れる	☐ 27 さす	☐ 28 濡れる
☐ 29 吹く	☐ 30 止む	☐ 31 揺れる	☐ 32 暑い
☐ 33 寒い	☐ 34 すずしい	☐ 35 強い	

DAY 23

01 ★★ ⑮ ⑪

あき
秋

[명] 가을

(秋(あき))は 旅行(りょこう)するのに いい 季節(きせつ)だ。

가을은 여행하기에 좋은 계절이다.

02

エアコン

[명] 에어컨

今年(ことし)の 夏(なつ)は 一日中(いちにちじゅう) (エアコン)を つけて いた。

이번 여름은 하루 종일 에어컨을 켜고 있었다.

---

03 ★

かぜ
風

[명] 바람

今日(きょう)は (風(かぜ))が 強(つよ)くて 涼(すず)しい。

오늘은 바람이 세게 불어서 시원하다.

---

04 ★

きせつ
季節

[명] 계절

(季節(きせつ))が 変(か)わる 時(とき)には、風邪(かぜ)を ひきやすい。

계절이 바뀔 때는 감기에 걸리기 쉽다.

---

05 ★★

くうき
空気

[명] 공기

山(やま)は (空気(くうき))が きれいだが、都市(とし)の (空気(くうき))は あまり きれいではない。

산은 공기가 깨끗하지만 도시의 공기는 그다지 깨끗하지 않다.

---

06 ★★ ⑬

くも
雲

[명] 구름

空(そら)には 変(へん)な 形(かたち)の (雲(くも))が ある。

하늘에는 이상한 모양의 구름이 있다.

---

07 ★★ ⑭

こおり
氷

[명] 얼음

夏(なつ)は ジュースに (氷(こおり))を 入(い)れて 飲(の)む。

여름에는 주스에 얼음을 넣어 마신다.

08

そら
空

명 하늘

少しずつ (空)が 暗く なって きた。
조금씩 하늘이 어두워지기 시작했다.

---

09 ★★

たいふう
台風

명 태풍

(台風)の 時には 海の 近くに 行かない 方が いい。
태풍 때는 바다 근처에 가지 않는 편이 좋다.

---

10 ★

だんぼう
暖房

명 する 난방

(暖房)を つけると 部屋が 乾燥する。
난방을 켜면 방이 건조하다.

11

つき
月

명 달

今日の (月)は 満月だ。
오늘 달은 보름달이다.

12

てんき
天気

명 날씨

山の (天気)は 変わりやすい。
산의 날씨는 변하기 쉽다.

---

13 ★★ ⑭

てんきよほう
天気予報

명 일기예보

(天気予報)は 当たらない ことも よく ある。
일기 예보는 맞지 않을 때도 흔히 있다.

14

ど
度

명 ~도(온도)

天気予報に よると 明日は マイナス 10(度)に なる
そうだ。
일기 예보에 의하면 내일은 영하 10도가 된다고 한다.

---

15 ★★ ⑱ □□	(夏)に なると 涼しい 所へ 行きたく なる。
なつ	여름이 되면 시원한 곳으로 가고 싶어진다.
夏	
명 여름	

16 □□	雨の (場合)、公演は 中止です。
ばあい	비가 내릴 경우 공연은 중지됩니다.
場合	
명 경우, 사정	

17 □□	(春)に なったら 花見を しましょう。
はる	봄이 되면 꽃놀이를 합시다.
春	
명 봄	

18 □□	冬は (日)が 短く、夏は (日)が 長い。
ひ	겨울은 해가 짧고 여름은 해가 길다.
日	
명 해	

19 □□	(冬)は 太りやすい 季節だ。
ふゆ	겨울은 살찌기 쉬운 계절이다.
冬	
명 겨울	

20 ★ □□	ここからは (星)が たくさん 見える。
ほし	여기에서는 별이 많이 보인다.
星	
명 별	

21 ★★ ⑪ □□	(雪)の 日は 外を 歩くのが 大変だ。
ゆき	눈 내리는 날은 밖을 걷는 것이 힘들다.
雪	
명 눈	

22 □□

れいぼう
冷房

[명] [する] 냉방

電車(でんしゃ)の 中(なか)は (冷房(れいぼう))が かかって いて 寒(さむ)い。
전철 안은 냉방이 켜져 있어 춥다.

---

23 □□

お
折れる

[동] 접히다, 부러지다

雪(ゆき)の 重(おも)さで 木(き)の 枝(えだ)が (折(お)れた)。
눈의 무게로 나뭇가지가 부러졌다.

---

24 ★★ □□

かわ
乾く

[동] 마르다

髪(かみ)が (乾(かわ)く) 前(まえ)に 急(いそ)いで 家(いえ)を 出(で)た。
머리가 마르기 전에 서둘러서 집을 나왔다.

---

25 □□

くら
比べる

[동] 비교하다

先月(せんげつ)と 今月(こんげつ)の 電気代(でんきだい)を (比(くら)べて) みた。
지난달과 이번달의 전기 요금을 비교해 보았다.

---

26 □□

く
暮れる

[동] (날이) 저물다

子(こ)どもに、日(ひ)が (暮(く)れる) 前(まえ)に 帰(かえ)って くるように 言(い)った。
아이에게 해가 저물기 전에 돌아오라고 말했다.

---

27 ★★★ ⑫⑩ □□

さす

[동] (우산을) 쓰다

急(きゅう)に 雨(あめ)が 降(ふ)って きたので 傘(かさ)を (さした)。
갑자기 비가 내려와서 우산을 썼다.

---

28 ★★ ⑭ □□

ぬ
濡れる

[동] 젖다

傘(かさ)が なくて 雨(あめ)に (濡(ぬ)れて) しまった。
우산이 없어서 비에 젖어 버렸다.

29 ★

ふ
吹く

[동] (바람이) 불다

風(かぜ)が 強(つよ)く (吹(ふ)いて) 木(き)が 倒(たお)れた。
바람이 세게 불어 나무가 쓰러졌다.

---

30 ★★★ ⑬

や
止む

[동] (비가) 그치다, 멈추다

雨(あめ)が (止(や)んで)から 出発(しゅっぱつ)しよう。
비가 그치고 나서 출발하자.

+ 止(と)める 멈추다, (기계 등을) 세우다

31

ゆ
揺れる

[동] 흔들리다

風(かぜ)が 吹(ふ)いて 木(き)の 葉(は)が (揺(ゆ)れた)。
바람이 불어 나뭇잎이 흔들렸다.

32

あつ
暑い

[イ] 덥다

部屋(へや)が (暑(あつ)い) 時(とき)は エアコンを つけて ください。
방이 더울 때는 에어컨을 켜 주세요.

+ 厚(あつ)い 두껍다　熱(あつ)い 뜨겁다

---

33 ★ ⑭

さむ
寒い

[イ] 춥다

冬(ふゆ)は とても (寒(さむ)い)ので、暖(あたた)かい コートを 買(か)った。
겨울은 매우 추워서 따뜻한 코트를 샀다.

---

34 ⑫

すずしい

[イ] 시원하다, 선선하다

朝(あさ)と 夜(よる)は (すずしい)が、昼(ひる)は とても 暑(あつ)い。
아침과 밤은 시원한데 낮은 아주 덥다.

---

35 ★ ⑬

つよ
強い

[イ] 세다, 강하다

雨(あめ)が どんどん (強(つよ)く) なって いる。
비가 점점 거세지고 있다.

실전모의고사로 실력을 한 번 더 확인하세요. www.sisabooks.com에서 다운가능!!!

1 해당 어휘의 음독을 찾고, 빈칸에 의미를 적으세요.

예	学生	✓①がくせい	②がっせい	학생

1	強い	① つよい	② よわい	_____
2	氷	① みず	② こおり	_____
3	予報	① よほう	② よぼう	_____
4	雲	① ゆき	② くも	_____
5	秋	① はやし	② あき	_____

2 문맥에 맞는 단어를 골라, 알맞은 형태로 만드세요. 표제어 번호

6 ( )の 時_{とき}には 海_{うみ}の 近_{ちか}くに 行_いかないほうが いい。 `09`

7 ( )が 変_かわる 時_{とき}には、風邪_{かぜ}を ひきやすい。 `04`

8 急_{きゅう}に 雨_{あめ}が 降_ふって きたので 傘_{かさ}を ( )。 `27`

9 髪_{かみ}が ( ) 前_{まえ}に 急_{いそ}いで 家_{いえ}を 出_でた。 `24`

10 雨_{あめ}が ( )から 出発_{しゅっぱつ}しよう。 `30`

乾_{かわ}く　さす　季節_{きせつ}　止_やむ　台風_{たいふう}

정답

1 ① 세다, 강하다　2 ② 얼음　3 ① 예보　4 ② 구름　5 ② 가을
6 台風_{たいふう}　7 季節_{きせつ}　8 さした　9 乾_{かわ}く　10 止_やんで

시험에 자주 등장하는 수사

	〜冊 〜권 책을 셀 때	〜頭 〜마리 큰 동물을 셀 때	〜匹 〜마리 작은 동물을 셀 때	〜本 〜병, 개 가늘고 긴 것을 셀 때	〜杯 〜잔, 그릇 그릇에 담긴 것을 셀 때
1	いっ さつ	いっ とう	いっ ぴき	いっ ぽん	いっ ぱい
2	に さつ	に とう	に ひき	に ほん	に はい
3	さん さつ	さん とう	さん びき	さん ぼん	さん ばい
4	よん さつ	よん とう	よん ひき	よん ほん	よん はい
5	ご さつ	ご とう	ご ひき	ご ほん	ご はい
6	ろく さつ	ろく とう	ろっ ぴき	ろっ ぽん	ろっ ぱい
7	なな さつ	なな とう	なな ひき	なな ほん	なな はい
8	はっ さつ	はっ とう	はっ ぴき	はっ ぽん	はっ ぱい
9	きゅう さつ	きゅう とう	きゅう ひき	きゅう ほん	きゅう はい
10	じゅっ さつ	じゅっ とう	じゅっ ぴき	じゅっ ぽん	じゅっ ぱい
何	なん さつ	なん とう	なん びき	なん ぼん	なん ばい

	〜軒 〜채 건물을 셀 때	〜番目 〜번 째 순서를 말할 때	〜階 〜층 건물의 층	〜回 〜회 횟수를 셀 때	〜足 〜켤레 신발 등을 셀 때
1	いっ けん	いち ばんめ	いっ かい	いっ かい	いっ そく
2	に けん	に ばんめ	に かい	に かい	に そく
3	さん げん	さん ばんめ	さん がい	さん かい	さん ぞく
4	よん けん	よん ばんめ	よん かい	よん かい	よん そく
5	ご けん	ご ばんめ	ご かい	ご かい	ご そく
6	ろっ けん	ろく ばんめ	ろっ かい	ろっ かい	ろく そく
7	なな けん	なな ばんめ	なな かい	なな かい	なな そく
8	はち けん	はち ばんめ	はち かい	はち かい	はっ そく
9	きゅう けん	きゅう ばんめ	きゅう かい	きゅう かい	きゅう そく
10	じゅっ けん	じゅう ばんめ	じゅっ かい	じゅっ かい	じゅっ そく
何	なん げん	なん ばんめ	なん がい	なん かい	なん ぞく

복습해 볼까요?

아래의 단어를 보고 읽는 법과 뜻을 적어 본 후 점선대로 접어서 답을 확인해 봅시다.
틀린 단어는 뒷 페이지 ☐ 에 V표시를 해 봅시다.

접는 선

단어	읽는 법과 뜻	
学生	がくせい	
秋		
暮れる		
吹く		
止む		
季節		
空気		
雲		
暖房		
冷房		
雪		
暑い		
乾く		
風		
星		
強い		
すずしい		
氷		
天気予報		
濡れる		
寒い		
台風		
空		

접으면 답을
확인할 수 있어요.

– 기후현 시라카와마을 –

예처럼 빈칸을 채우면서 다시 한번 체크해 봅시다.

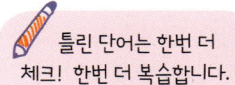

틀린 단어는 한번 더 체크! 한번 더 복습합니다.

읽는 법과 뜻
□ がくせい 학생
□ あき 가을
□ くれる (날이) 저물다
□ ふく (바람이) 불다
□ やむ (비가) 그치다
□ きせつ 계절
□ くうき 공기
□ くも 구름
□ だんぼう 난방
□ れいぼう 냉방
□ ゆき 눈
□ あつい 덥다
□ かわく 마르다
□ かぜ 바람
□ ほし 별
□ つよい 세다, 강하다
□ すずしい 시원하다, 선선하다
□ こおり 얼음
□ てんきよほう 일기예보
□ ぬれる 젖다
□ さむい 춥다
□ たいふう 태풍
□ そら 하늘

한자	읽는 법	의미
예 学生	がくせい	
秋		
暮れる		
吹く		
止む		
季節		
空気		
雲		
暖房		
冷房		
雪		
暑い		
乾く		
風		
星		
強い		
すずしい		
氷		
天気予報		
濡れる		
寒い		
台風		
空		

DAY

DAY 24 mp3

몸

☐ 01 足	☐ 02 頭	☐ 03 腕	☐ 04 顔
☐ 05 髪	☐ 06 体	☐ 07 首	☐ 08 健康
☐ 09 ジョギング	☐ 10 背中	☐ 11 血	☐ 12 手
☐ 13 のど	☐ 14 歯	☐ 15 歯医者	☐ 16 ひげ
☐ 17 身	☐ 18 耳	☐ 19 目	☐ 20 洗う
☐ 21 動く	☐ 22 下がる	☐ 23 太る	☐ 24 磨く
☐ 25 やせる	☐ 26 痛い	☐ 27 弱い	☐ 28 元気(な)

| 01 ★ ⑭ | たくさん 歩_{ある}いて (足_{あし})が 痛_{いた}い。 |

01 ★ ⑭
あし
足
명 다리

たくさん 歩^{ある}いて (足^{あし})が 痛^{いた}い。
많이 걸어서 다리가 아프다.

02 ★★ ⑮
あたま
頭
명 머리

これは (頭^{あたま})を 使^{つか}う ゲームだ。
이것은 머리를 쓰는 게임이다.

03 ★
うで
腕
명 팔

バレーボールを して (腕^{うで})を けがした。
배구를 해서 팔을 다쳤다.

04 ★★★ ⑱ ⑭
かお
顔
명 얼굴

毎日^{まいにち} (顔^{かお})の マッサージを して いる。
매일 얼굴 마사지를 하고 있다.

05 ★
かみ
髪
명 머리(털)

(髪^{かみ})を 切^きると 印象^{いんしょう}が 変^かわる。
머리를 자르면 인상이 바뀐다.
➕ 髪^{かみ}の毛^け 머리카락

06 ★★ ⑬
からだ
体
명 몸

(体^{からだ})の 調子^{ちょうし}が 悪^{わる}くて 授業^{じゅぎょう}を 休^{やす}んだ。
몸 상태가 나빠서 수업을 쉬었다.

07
くび
首
명 목, 고개

毎日^{まいにち} パソコンを 使^{つか}う 人^{ひと}は (首^{くび})の ストレッチが 必要^{ひつよう}だ。
매일 컴퓨터를 사용하는 사람은 목 스트레칭이 필요하다.

08 ★ ☐☐	(健康)のために 週 2回 ジムに 通いはじめた。
けんこう	건강을 위해 주 2회 스포츠센터에 다니기 시작했다.
健康	
명 ナ 건강	

09 ☐☐	マラソン大会に 出るために (ジョギング)を している。
	마라톤 대회에 나가기 위해 조깅을 하고 있다.
ジョギング	
명 조깅	

10 ☐☐	交通事故で (背中)を 打った。
せ なか	교통사고로 등을 부딪쳤다.
背中	
명 등	

11 ☐☐	鼻から 急に (血)が 出て きた。
ち	코에서 갑자기 피가 나왔다.
血	
명 피	

12 ☐☐	(手)や 足が 冷えやすい。
て	손이나 발이 차가워지기 쉽다.
手	
명 손	

13 ☐☐	暖房を つけると、(のど)が 痛く なる。
	난방을 켜면 목이 아파진다.
のど	
명 목, 목구멍	

14 ☐☐	彼は (歯)の 並び方を 直したいと 言った。
は	그는 치아의 배열을 교정하고 싶다고 했다.
歯	
명 이	

---

15 ☐☐

は い しゃ
歯医者

명 치과 의사, 치과

明日の 午後 4時に (歯医者)の 予約を した。

내일 오후 4시에 치과 예약을 했다.

---

16 ☐☐

ひげ

명 수염

ここまで (ひげ)を 伸ばすのに 2ヵ月 かかった。

여기까지 수염을 기르는데 2개월 걸렸다.

---

17 ★ ☐☐

み
身

명 몸, 신체, 자신, 입장

「自分の (身)は 自分で 守る」といういう 言葉が ある。

자기 자신(몸)은 자기가 지킨다 는 말이 있다.

➕ 身につける 익히다, 습득하다

---

18 ☐☐

みみ
耳

명 귀

飛行機に 乗って (耳)が 痛く なった。

비행기를 타서 귀가 아파졌다.

---

19 ☐☐

め
目

명 눈

パソコンの 光を みると、(目)が 疲れる。

컴퓨터 불빛을 보면 눈이 피곤하다.

---

20 ★ ☐☐

あら
洗う

동 씻다, 빨래하다

手を きれいに (洗って)から ご飯を 食べましょう。

손을 깨끗이 씻고 나서 밥을 먹읍시다.

---

21 ★★★ ⑭⑫ ☐☐

うご
動く

동 움직이다

音楽が 流れると、自然に 体が (動く)。

음악이 흐르면 자연스럽게 몸이 움직인다.

➕ 動き出す 움직이기 시작하다

22
さ
下がる
[동] (열등이) 내리다

しょくせいかつ か けつあつ さ
食生活を 変えてから 血圧が (下がった)。
식생활을 바꾸고 나서 혈압이 내려갔다.

23 ★★ ⑫ ⑩
ふと
太る
[동] 살찌다

しょうがつ た ふと
お正月は たくさん 食べて (太って) しまった。
설 때는 많이 먹어서 살이 쪄 버렸다.

24 ★
みが
磨く
[동] 닦다

ね まえ は みが
寝る前に 歯を (磨こう)。
자기 전에 이를 닦자.

25
やせる
[동] 마르다

にゅういん
入院してから 10キロも (やせた)。
입원하고 나서 10킬로나 살이 빠졌다.

26
いた
痛い
[イ] 아프다

い いた くすり の
胃が (痛くて) 薬を 飲んだ。
위가 아파서 약을 먹었다.

27 ★★ ⑱ ⑩
よわ
弱い
[イ] 약하다

かれ こ からだ よわ
彼は 子どもの ころ 体が (弱かった)。
그는 어릴 때 몸이 약했다.

28
げん き
元気(な)
[ナ] 건강한, 활발한

びょう き なお はや げん き からだ もど
病気を 治して 早く (元気な) 体に 戻ると いいですね。
병을 고쳐 빨리 건강한 몸으로 돌아가면 좋겠네요.

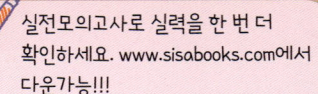

실전모의고사로 실력을 한 번 더
확인하세요. www.sisabooks.com에서
다운가능!!!

1 해당 어휘의 음독을 찾고, 빈칸에 의미를 적으세요.

예	学生	✓ がくせい	② がっせい	학생

1	**動く**	① うごく	② はたらく	_____
2	**頭**	① くび	② あたま	_____
3	**弱い**	① よわい	② こわい	_____
4	**顔**	① かみ	② かお	_____
5	**体**	① からだ	② み	_____

2 문맥에 맞는 단어를 골라, 알맞은 형태로 만드세요. 〔표제어 번호〕

6 鼻から 急に (　　　　　)が 出て きた。 **11**

7 音楽が 流れると、自然に 体が (　　　　　)。 **21**

8 ここまで (　　　　　)を 伸ばすのに 2ヵ月 かかった。 **16**

9 寝る 前に 歯を (　　　　　)。 **24**

10 お正月は たくさん 食べて (　　　　　)しまった。 **23**

磨く	ひげ	太る	動く	血

통째로 외우면 좋은 표현

アイロンを かける	다림질을 하다
お湯を わかす	물을 끓이다
席が 空いて いる	자리가 비어있다
ふくが ぬれて いる	옷이 젖어있다
にもつを はこぶ	짐을 옮기다
テーブルの 上を ふく	테이블 위를 닦다
ていねいに 書く	공들여 쓰다
食事代を はらう	식사대금을 지불하다
あめが やむ	비가 그치다
くるまを とめる	차를 세우다
ジュースが ひえて いる	주스가 차가워져 있다
母に 似て いる	엄마를 닮았다
手が 汚れて いる	손이 더러워져 있다
かさを さす	우산을 쓰다
ぼうしを かぶる	모자를 쓰다
めがねを かける	안경을 쓰다
電車が すいて いる	전철이 비어있다
電車が こんで いる	전철이 붐빈다
シャワーを あびる	샤워를 하다
むかえに いく	마중가다
バスに のりかえる	버스로 갈아타다
にわを はく	마당을 쓸다
スカートを はく	스커트를 입다
かぜが ふく	바람이 불다
はを みがく	이를 닦다

짝을 이루는 문형 2

まで	~까지(기간, まで + 계속동사★)
	熱が ある 時は、下がるまで 寝た ほうが いいです。
	열이 있을 때는, 떨어질 때까지 자는 편이 좋습니다.
	★ 계속 동사
	待つ(기다리다) · いる(있다) · 続ける(계속하다) · 働く(일하다) · 休む(쉬다) · 生きる(살다) · 寝る(자다)
までに	~까지(기한, までに + 기한동사★★)
	レポートは 明日 17時までに 出して ください。
	레포트는 내일 오후 5시까지 제출해 주세요.
	★★ 기한 동사
	返す(반납하다) · 提出する(제출하다) · 終わる(끝나다) · 始める(시작하다) · 結婚する(결혼하다) · 出す(제출하다) · 決める(정하다)
ように	~하도록
	明日は みんな はやく 来るように。
	내일은 모두 일찍 오도록.
ように する	~하도록 하다
	これからは ミスを しない ように します。
	よろしく おねがいします。
	앞으로는 실수를 하지 않도록 하겠습니다. 잘 부탁드립니다.
ように なる	~하게 되다
	漢字が 読める ようになりました。
	한자를 읽을 수 있게 되었습니다.

아래의 단어를 보고 읽는 법과 뜻을 적어 본 후 점선대로 접어서 답을 확인해 봅시다.
틀린 단어는 뒷 페이지 ☐ 에 V표시를 해 봅시다.

접는 선

단어	읽는 법과 뜻	
学生	がくせい	
足		
下がる		
健康		
元気(な)		
耳		
目		
磨く		
背中		
頭		
髪		
首		
体		
身		
太る		
洗う		
痛い		
弱い		
顔		
動く		
歯		
腕		
血		

🖊️ 접으면 답을
확인할 수 있어요.

– 나라 도다이지 –

예처럼 빈칸을 채우면서 다시 한번 체크해 봅시다.

틀린 단어는 한번 더 체크! 한번 더 복습합니다.

읽는 법과 뜻
□ がくせい 학생
□ あし 다리
□ さがる (열 등이) 내리다
□ けんこう 건강
□ げんき(な) 건강한, 활발한
□ みみ 귀
□ め 눈
□ みがく 닦다
□ せなか 등
□ あたま 머리
□ かみ 머리(털)
□ くび 목, 고개
□ からだ 몸
□ み 몸, 신체, 자신, 입장
□ ふとる 살찌다
□ あらう 씻다, 빨래하다
□ いたい 아프다
□ よわい 약하다
□ かお 얼굴
□ うごく 움직이다
□ は 이
□ うで 팔
□ ち 피

한자	읽는 법	의미
예 学生	がくせい	
足		
下がる		
健康		
元気(な)		
耳		
目		
磨く		
背中		
頭		
髪		
首		
体		
身		
太る		
洗う		
痛い		
弱い		
顔		
動く		
歯		
腕		
血		

DAY 25 mp3

건강

☐ 01 力	☐ 02 熱	☐ 03 アルコール	☐ 04 医学
☐ 05 医者	☐ 06 お腹/腹	☐ 07 お見舞い	☐ 08 風邪
☐ 09 看護師	☐ 10 気	☐ 11 傷	☐ 12 禁煙
☐ 13 具合	☐ 14 薬	☐ 15 薬屋	☐ 16 けが
☐ 17 散歩	☐ 18 ストレス	☐ 19 退院	☐ 20 ダイエット
☐ 21 注射	☐ 22 入院	☐ 23 病院	☐ 24 病気
☐ 25 指	☐ 26 上がる	☐ 27 生きる	☐ 28 さわる
☐ 29 取る	☐ 30 治る	☐ 31 眠る	☐ 32 寝る
☐ 33 やめる	☐ 34 眠い	☐ 35 必要(な)	

DAY 25

01 ★ ちから **力** 명 힘	彼は (力)が 強いと 有名な ラグビー選手です。 그는 힘이 세기로 유명한 럭비 선수입니다.
02 ★★★ ⑮⑬ ねつ **熱** 명 열	風邪を ひいて、(熱)が 出た。 감기에 걸려 열이 났다.
03 **アルコール** 명 알코올	(アルコール)で 手を 消毒した。 알코올로 손을 소독했다.
04 い がく **医学** 명 의학	高校生の 時、(医学)の 道に 進むと 決めた。 고등학생 때 의학의 길로 진학하겠다고 결정했다.
05 ★ ⑬ い しゃ **医者** 명 의사	病院で (医者)に みて もらった。 병원에서 진찰을 받았다.
06 なか　はら **お腹 / 腹** 명 배, 위장	(お腹)の 調子が おかしい。 배 상태가 이상하다. ＋ お腹が 空く 배가 고프다
07 ★★ ⑬ み ま **お見舞い** 명 병문안, 문병	入院して いる 祖父の (お見舞い)に 行った。 입원해 계신 할아버지의 문병안을 갔다. ＋ お大事に 몸조심하세요

08 ★ かぜ **風邪** 명 감기	(風邪)が 治るまで、ゆっくり 休んで ください。 감기가 나을 때까지 푹 쉬세요.

09 ★ かんごし **看護師** 명 간호사	今から (看護師)が 案内します。 지금부터 간호사가 안내하겠습니다. ≒ 看護婦 간호사

10 き **気** 명 마음, 기분	年を とったら 健康に (気)を 使わなければ ならない。 나이를 먹으면 건강에 신경을 써야 한다. あまり (気)を 落とさないで ください。 너무 낙담하지 말아 주세요.

11 ★ きず **傷** 명 상처	(傷)から また 血が 出て きました。 상처에서 또 피가 나왔습니다.

12 ★ ⑭ きんえん **禁煙** 명 금연	(禁煙)したい 人は 多いが、(禁煙)に 成功する 人は 少ない。 금연하고 싶은 사람은 많지만 금연에 성공하는 사람은 적다. ↔ 喫煙 흡연

13 ぐあい **具合** 명 상태, 컨디션	体の (具合)は どうですか。 몸 상태는 어떻습니까?

14 ★ ⑭⑬ くすり **薬** 명 약	苦い (薬)を 毎日 飲んでいる。 쓴 약을 매일 먹고 있다.

15
くすりや
薬屋
[명] 약국

びょういん となり くすりや くすり か
病院の 隣に ある (薬屋)で 薬を 買った。
병원 옆에 있는 약국에서 약을 샀다.
[+] やっきょく 薬局

16 ★ ⑫
けが
[명] [する] 부상

こうつうじこ
交通事故で (けが)を した。
교통사고로 부상을 입었다.

17 ★
さんぽ
散歩
[명] [する] 산책

きゅう うんどう さんぽ
急な 運動は やめて、まずは (散歩)から はじめましょう。
갑작스러운 운동은 그만두고 우선은 산책부터 시작합시다.

18
ストレス
[명] 스트레스

かいしょう ほうほう み
(ストレス)を 解消する 方法を 見つけたい。
스트레스를 해소하는 방법을 찾고 싶다.

19 ★★
たいいん
退院
[명] [する] 퇴원

らいしゅう たいいん
来週には (退院)できますよ。
다음 주에는 퇴원할 수 있어요.

20
ダイエット
[명] [する] 다이어트

むり きけん
無理な (ダイエット)は 危険です。
무리한 다이어트는 위험합니다.

21 ★★
ちゅうしゃ
注射
[명] [する] 주사

うで ちゅうしゃ
腕に (注射)して もらった。
팔에 주사를 맞았다.

22 ★ ⑫ ☐ ☐
にゅういん
入院
명 する 입원

今まで 病院に (入院)した ことは 一度も ない。
지금까지 병원에 입원했던 적은 한 번도 없다.

---

23 ☐ ☐
びょういん
病院
명 병원

近所の (病院)ではなく、大きな (病院)に 行く ことに した。
근처 병원이 아니라 큰 병원에 가기로 했다.

---

24 ☐ ☐
びょう き
病気
명 병

家族に (病気)の ことは まだ 話して いない。
가족에게 병에 대해서는 아직 말하지 않았다.

---

25 ★ ☐ ☐
ゆび
指
명 손가락

(指)に 力が 入らないので ペンも 持てない。
손가락에 힘이 들어가지 않아서 펜도 잡을 수 없다.

---

26 ★ ☐ ☐
あ
上がる
동 (위로) 오르다

熱が (上がって) いるので、水分を 取って ください。
열이 올라 있으니까 수분을 섭취해 주세요.

↔ 下りる (아래로) 내리다

---

27 ☐ ☐
い
生きる
동 살다, 생존하다

(生きる)ための 方法は 手術しかない。
살기 위한 방법은 수술밖에 없다.

＋ 暮らす 살다, 지내다   住む 살다, 거주하다

---

28 ★★ ⑪ ☐ ☐
きず
さわる
동 만지다

傷には 絶対に (さわらないで) ください。
상처는 절대 만지지 마세요.

29 ☐☐

と
取る

[동] 집다, 취하다

一日(いちにち) 3回(かい) しっかり 食事(しょくじ)を (取(と)って) ください。

하루 3회 제대로 식사하세요.

---

30 ★ ⑩ ☐☐

なお
治る

[동] (병이) 낫다, 치유되다

このけがは (治(なお)る)まで 2週間(しゅうかん)は かかる。

이 상처는 나을 때까지 2주는 걸린다.

---

31 ★★ ☐☐

ねむ
眠る

[동] 잠자다

(眠(ねむ)れない) ときは、あたたかい 牛乳(ぎゅうにゅう)を 飲(の)む。

잠이 안 올 때는 따뜻한 우유를 마신다.

---

32 ☐☐

ね
寝る

[동] 자다

(寝(ね)る) 前(まえ)に 激(はげ)しい 運動(うんどう)は しない 方(ほう)が いいです。

자기 전에 격렬한 운동은 하지 않는 것이 좋습니다.

---

33 ★★★ ⑬ ☐☐

やめる

[동] (담배등을) 끊다

酒(さけ)と タバコを (やめる)ように 医者(いしゃ)が 言(い)った。

술과 담배를 끊으라고 의사가 말했다.

---

34 ★★ ⑪ ☐☐

ねむ
眠い

[イ] 졸리다

この薬(くすり)を 飲(の)むと (眠(ねむ)く)なる。

이 약을 먹으면 잠이 온다.

---

35 ★ ☐☐

ひつよう
必要(な)

[ナ] 필요(한)

入院(にゅういん)に (必要(ひつよう)な) ものを 家(いえ)から 持(も)って きた。

입원에 필요한 것을 집에서 가져왔다.

실전모의고사로 실력을 한 번 더 확인하세요. www.sisabooks.com에서 다운가능!!!

1 해당 어휘의 음독을 찾고, 빈칸에 의미를 적으세요.

예	学生	✅ がくせい	② がっせい	학생

1	治る	① なおる	② こおる	_____
2	熱	① あつ	② ねつ	_____
3	薬	① くすり	② らく	_____
4	眠い	① ねむい	② ねむるい	_____
5	禁煙	① きつえん	② きんえん	_____

2 문맥에 맞는 단어를 골라, 알맞은 형태로 만드세요. 표제어 번호

6 入院している 祖父の (　　　　　)に 行く。 `07`

7 今まで 病院に (　　　　　)した ことは 一度も ない。 `22`

8 (　　　　　)が 治るまで、ゆっくり 休んで ください。 `08`

9 (　　　　　)から また 血が 出て きました。 `11`

10 酒と タバコを (　　　　　)ように 医者が 言った。 `33`

傷	お見舞い	風邪	入院	やめる
きず	みまい	かぜ	にゅういん	

정답

1 ① (병이) 낫다, 치유되다　2 ② 열　3 ① 약　4 ① 졸리다　5 ② 금연
6 お見舞い　7 入院　8 風邪　9 傷　10 やめる

수동 사역 사역수동형

구분	수동 표현	사역 표현	사역수동 표현
형태	れる/られる	せる/させる	せられる/させられる
의미	～당하다 ～되다, ～받다, ～지다	시키다 ～하게하다	억지로～하다 (어쩔 수 없이～하다)
1그룹	ない形＋れる 聞く → 聞かれる	ない形＋せる 読む → 読ませる	ない形＋せられる ない形＋される 待つ → 待たせられる ≒ 待たされる
2그룹	ない形＋られる 見る → 見られる	ない形＋させる 食べる → 食べさせる	ない形＋させられる 食べる → 食べさせられる
する	される	させる	させられる
くる	こられる	こさせる	こさせられる

수동 (ら)れる	わたしは 犬に 手を かまれました。 나는 개에게 손을 물렸습니다. わたしは 高校の時、父に 死なれて、大学に 入れませんでした。 나는 고등학교 때, 아빠가 돌아가셔서 대학에 들어갈 수 없었습니다. 2018年の 冬の オリンピックは 韓国で 開かれました。 2018년 동계 올림픽은 한국에서 개최되었습니다.
사역 (さ)せる	医者は 山田さんに お酒を やめさせました。 의사는 야마다씨에게 술을 끊게했습니다. 先生は グラウンドで 子どもたちを 遊ばせました。 선생님은 운동장에서 아이들을 놀게했습니다.
사역수동 (さ)せられる	わたしは せんぱいに 歌を 歌わされました。 나는 선배가 시켜서 어쩔 수 없이 노래를 불렀습니다. わたしは むすこに 心配させられました。 아들은 나를 걱정시켰습니다.

아래의 단어를 보고 읽는 법과 뜻을 적어 본 후 점선대로 접어서 답을 확인해 봅시다.
틀린 단어는 뒷 페이지 ☐ 에 V표시를 해 봅시다.

접는 선

단어	읽는 법과 뜻	
学生	がくせい	
熱		
やめる		
治る		
看護師		
風邪		
禁煙		
さわる		
病気		
お見舞い		
散歩		
生きる		
傷		
具合		
指		
薬		
医者		
入院		
寝る		
眠る		
眠い		
注射		
必要(な)		

✏️ 접으면 답을
확인할 수 있어요.

– 홋카이도 오타루 –

접는 선

예처럼 빈칸을 채우면서 다시 한번
체크해 봅시다.

틀린 단어는 한번 더
체크! 한번 더 복습합니다.

읽는 법과 뜻	
☐	がくせい 학생
☐	ねつ 열
☐	やめる (담배 등을) 끊다
☐	なおる (병이) 낫다, 치유되다
☐	かんごし 간호사
☐	かぜ 감기
☐	きんえん 금연
☐	さわる 만지다
☐	びょうき 병
☐	おみまい 병문안
☐	さんぽ 산책
☐	いきる 살다, 생존하다
☐	きず 상처
☐	ぐあい 상태, 컨디션
☐	ゆび 손가락
☐	くすり 약
☐	いしゃ 의사
☐	にゅういん 입원
☐	ねる 자다
☐	ねむる 잠자다
☐	ねむい 졸리다
☐	ちゅうしゃ 주사
☐	ひつよう(な) 필요(한)

한자	읽는 법	의미
예 学生	がくせい	
熱		
やめる		
治る		
看護師		
風邪		
禁煙		
さわる		
病気		
お見舞い		
散歩		
生きる		
傷		
具合		
指		
薬		
医者		
入院		
寝る		
眠る		
眠い		
注射		
必要(な)		

DAY 26

DAY 26 mp3

시간과 거리

알고 있는 단어를 체크해 봅시다.

☐ 01 以前	☐ 02 一週間	☐ 03 お正月	☐ 04 今朝
☐ 05 午後	☐ 06 今年	☐ 07 この間	☐ 08 今度
☐ 09 今夜·今晩	☐ 10 最近	☐ 11 最初	☐ 12 時代
☐ 13 将来	☐ 14 途中	☐ 15 ひと月	☐ 16 昼休み
☐ 17 毎朝	☐ 18 昔	☐ 19 メートル	☐ 20 夕方
☐ 21 曜日	☐ 22 来週	☐ 23 遅れる	☐ 24 かかる
☐ 25 間に合う	☐ 26 近い	☐ 27 遠い	☐ 28 早い
☐ 29 さっき	☐ 30 しばらく	☐ 31 ずっと	☐ 32 そろそろ
☐ 33 たまに	☐ 34 まず	☐ 35 もうすぐ	

01

い ぜん
以前

名 이전

店が (以前)よりも 忙しく なった。

가게가 이전보다 바빠졌다.

↔ 以後 이후

02

いっしゅうかん
一週間

名 일주일간

今日から (一週間)、本社で 研修を 受ける。

오늘부터 일주일간 본사에서 연수를 받는다.

03

しょうがつ
お正月

名 설, 정초

(お正月)には 特別な 料理を 作って 食べる。

설에는 특별한 음식을 만들어 먹는다.

04

けさ
今朝

名 오늘 아침

(今朝)は 早く 起きて 出勤前に カフェに 行った。

오늘 아침은 일찍 일어나 출근 전에 카페에 갔다.

＋ 朝 아침

05

ご ご
午後

名 오후

午前よりも (午後)の 方が 電車は 空いて いる。

오전보다도 오후 쪽이 전철은 한산하다.

↔ 午前 오전

06

ことし
今年

名 올해, 금년

(今年)から 水泳を 習い始めた。

올해부터 수영을 배우기 시작했다.

＋ 去年 작년　昨年 작년

07

あいだ
この間

名 저번에, 일전에

(この間) お話した 件で 電話しました。

일전에 말씀드린 건으로 전화했습니다.

08 ★ ⑬ ☐☐	(今度) 一緒に 食事でも しましょう。
こんど	こんど いっしょ しょくじ
今度	다음에 함께 식사라도 합시다.
圐 이번, 이 다음	

09 ★ ⑭ ☐☐	(今夜)は 約束が あるので 早く 帰りたい。
こんや こんばん	こんや やくそく はや かえ
今夜・今晩	오늘 밤은 약속이 있어서 일찍 돌아가고 싶다.
圐 오늘 밤, 오늘 저녁	➕ 夜 밤, 저녁
	よる

10 ☐☐	(最近)は 毎日 雨が 降って いる。
さいきん	さいきん まいにち あめ ふ
最近	요즘은 매일 비가 내리고 있다.
圐 최근	≒ この頃 요즘
	ごろ

11 ★ ⑪ ☐☐	彼女に 対して (最初)は いい 印象ではなかった。
さいしょ	かのじょ たい さいしょ いんしょう
最初	그녀에 대해 처음에는 좋은 인상이 아니었다.
圐 최초	↔ 最後 최후 ⑱ 最中 한창인 때
	さい ご さいちゅう

12 ☐☐	人気の 服装や 髪型は (時代)に よって 変わる。
じだい	にんき ふくそう かみがた じだい か
時代	인기 있는 복장이나 헤어스타일은 시대에 따라 변한다.
圐 시대	

13 ★ ⑱⑫ ☐☐	(将来)は いなかで ゆっくり 暮らしたい。
しょうらい	しょうらい く
将来	장래는 시골에서 느긋하게 살고 싶다.
圐 장래, 미래	

14 ★ ☐☐	会議の (途中)で 電話が なった。
とちゅう	かい ぎ とちゅう でんわ
途中	회의 도중에 전화가 울렸다.
圐 도중	

15

ひと月
つき

명 한 달, 1개월

プロジェクトメンバーとして、(ひと月)中国に行く。
つき　ちゅうごく　い

프로젝트 멤버로서 한 달 중국에 간다.

16

ひるやす
昼休み

명 점심(휴식) 시간

(昼休み)に何を食べるか考える。
ひるやす　なに　た　かんが

점심시간에 무엇을 먹을지 생각한다.

➕ 昼 낮, 정오　昼ごろ 정오 무렵　昼間 낮
ひる　　　　　ひる　　　　　　ひる ま

17

まいあさ
毎朝

명 매일 아침

(毎朝)出勤するとまずメールをチェックする。
まいあさ　しゅっきん

매일 아침 출근하면 우선 메일을 체크한다.

➕ 毎週 매주　毎日 매일
まいしゅう　　　まいにち

18

むかし
昔

명 옛날

ここは(昔)から劇場がたくさんあった。
むかし　　げきじょう

이곳은 옛날부터 극장이 많이 있었다.

19

メートル

명 미터

私の身長は1(メートル)79センチです。
わたし　しんちょう

제 키는 1미터 79센티입니다.

---

20 ★ ⑪

ゆうがた
夕方

명 저녁 무렵, 해질녘

夏になると(夕方)でも外が明るい。
なつ　　　　ゆうがた　　　そと　あか

여름이 되면 저녁 무렵에도 밖이 밝다.

≒ 夕べ 저녁(때)
ゆう

21

よう　び
曜日

명 요일

毎週木(曜日)はゴミの日です。
まいしゅう もく ようび　　　　　　ひ

매주 목요일은 쓰레기 버리는 날입니다.

➕ 月曜日 월요일　土曜日 토요일
げつよう び　　　　ど よう び

22
らいしゅう
来週
[명] 다음 주

(来週)から ドイツに 行く 予定です。
다음 주부터 독일에 갈 예정입니다.
[+] 先週 지난 주 今週 이번 주 再来週 다다음 주

23 ★ ⑭
おく
遅れる
[동] 늦다

彼は いつも 約束の 時間に (遅れる)。
그는 항상 약속 시간에 늦는다.
[+] 遅い 늦다

24
かかる
[동] 걸리다, 들다

料理が できるまで あと1時間は (かかる)。
음식이 완성될 때까지 앞으로 1시간은 걸린다.

25 ★★★ ⑫
ま あ
間に合う
[동] 시간에 늦지 않게 맞추다

まだ 急げば (間に合う)だろう。
아직 서두르면 시간에 늦지 않을 것이다.

26 ★★
ちか
近い
[イ] 가깝다

駅から (近い) マンションに 引っ越したい。
역에서 가까운 아파트로 이사하고 싶다.
[+] 近く 근처, 가까운 곳

27 ★★★ ⑮ ⑩
とお
遠い
[イ] 멀다

会社まで 歩いて 10分なので あまり (遠く) ない。
회사까지 걸어서 10분이라서 별로 멀지 않다.
[+] 遠く 먼 곳, 멀리

28
はや
早い
[イ] 이르다

いつも より 一本 (早い) バスに 乗った。
평소보다 한 대 빨리 온 버스를 탔다.
[+] 早く 빨리, 급히 速い (속도가) 빠르다

29	
さっき	その人とは (さっき) 電話で 話した。
부 아까, 조금 전	그 사람과는 아까 전화로 이야기했다.
	➕ 先に 먼저

30	
しばらく	ここには (しばらく) 来て いなかった。
부 잠시, 얼마 동안	이곳에는 한동안 오지 않았다.

31 ★★	
ずっと	① 朝から (ずっと) 病院に いた。
부 ①쭉, 줄곧 ②훨씬	아침부터 쭉 병원에 있었다.
	② 前の 上司より (ずっと) 優しい。
	전 상사보다 훨씬 친절하다.

32 ★	
そろそろ	(そろそろ) 主人が 帰って くる 時間だ。
부 이제 곧, 슬슬	이제 곧 남편이 돌아올 시간이다.

33	
たまに	(たまに) 母と 出かけて 食事を する。
부 가끔	가끔 엄마와 외출해서 식사를 한다.
	⇌ ときどき 때때로

34	
まず	家に 帰ると (まず) 手を 洗う。
부 우선	집에 돌아가면 우선 손을 씻는다.

35	
もうすぐ	(もうすぐ) 妹に 子どもが 生まれる。
부 이제 곧, 머지않아	이제 곧 여동생의 아이가 태어난다.

실전모의고사로 실력을 한 번 더
확인하세요. www.sisabooks.com에서
다운가능!!!

1 해당 어휘의 음독을 찾고, 빈칸에 의미를 적으세요.

예	学生	✓がくせい	②がっせい	학생

1 遠い ①とおい ②ちかい _____

2 今度 ①こんどう ②こんど _____

3 遅れる ①おくれる ②おそれる _____

4 夕方 ①ゆがた ②ゆうがた _____

5 今晩 ①こんばん ②こんや _____

2 문맥에 맞는 단어를 골라, 알맞은 형태로 만드세요. 표제어 번호

6 ( )は 毎日 雨が 降って いる。 10

7 まだ 急げば ( )だろう。 25

8 ( )主人が 帰って くる 時間だ。 32

9 会議の ( )で 電話が なった。 14

10 朝から ( ) 病院に いた。 31

ずっと	間に合う	そろそろ	途中	最近

정답

1 ① 멀다 2 ② 이번, 이 다음 3 ① 늦다 4 ② 저녁 무렵, 해질녘 5 ① 오늘 밤, 오늘 저녁
6 最近 7 間に合う 8 そろそろ 9 途中 10 ずっと

주고받는 수수표현

● 의미

구분	수수동사		수수동사 경어	
내가★ → 남에게 주다	あげる★★	주다	さしあげる	드리다
	てあげる	해 주다	てさしあげる	해 드리다
남이 → 나에게 주다	くれる	주다	くださる	주시다
	てくれる	해 주다	てくださる	해 주시다
내가 ← 남에게 받다	もらう	받다	いただく	받다
	てもらう	해 받다	ていただく	해 받다

★ 수수표현에서 나(わたし)에는 내 그룹 즉, 가족·회사 동료 등이 포함됩니다.
★★ 동물이나 식물, 아이에게 무언가를 줄 때에는 「やる·てやる」를 사용합니다.

● 예문

수수동사	예문
てやる★ てあげる★★	弟に 本を 読んで やりました。 남동생에게 책을 읽어 주었습니다. 私は 山田さんに 誕生日の プレゼントを 買って あげました。 나는 야마다 씨에게 생일선물을 사 주었습니다.
てくれる	山田が 私に 料理を 作って くれました。 야마다 씨가 저에게 요리를 만들어 주었습니다.
てもらう	私は 父に 映画の チケットを 予約して もらいました。 저는 아빠에게 영화 티켓을 예약해 받았습니다. (아빠가 영화 티켓을 예약해주었습니다.)
てさしあげる	私は 先生に 韓国料理を 作って さしあげました。 저는 선생님께 한국요리를 만들어 드렸습니다.
てくださる	校長先生が 私に 本を 借りて くださいました。 교장 선생님이 저에게 책을 빌려 주셨습니다.
ていただく	先輩に 英語の 作文を 直して いただきました。 선배에게 영어 작문을 고쳐 받았습니다. (선생님이 영어 작문을 고쳐 주셨습니다.)

복습해 볼까요?

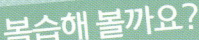

아래의 단어를 보고 읽는 법과 뜻을 적어 본 후 점선대로 접어서 답을 확인해 봅시다.
틀린 단어는 뒷 페이지 □에 V표시를 해 봅시다.

접는 선

단어	읽는 법과 뜻	
学生	がくせい	
以前		
ずっと		
近い		
たまに		
遅れる		
途中		
毎朝		
遠い		
間に合う		
時代		
さっき		
まず		
早い		
今度		
もうすぐ		
そろそろ		
しばらく		
将来		
夕方		
昼休み		
最近		
最初		

접으면 답을
확인할 수 있어요.

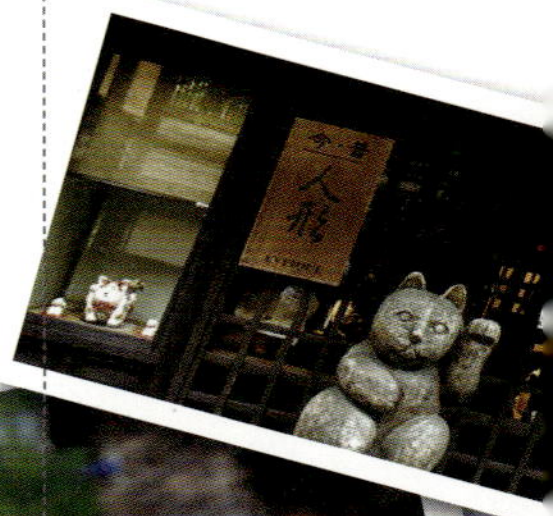

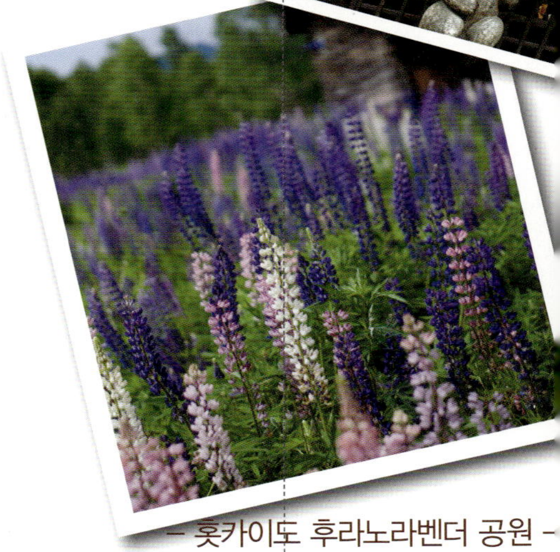

– 홋카이도 후라노라벤더 공원 –

접는 선

예처럼 빈칸을 채우면서 다시 한번
체크해 봅시다.

틀린 단어는 한번 더
체크! 한번 더 복습합니다.

읽는 법과 뜻

☐	がくせい 학생
☐	いぜん 이전
☐	ずっと 쭉, 줄곧, 훨씬
☐	ちかい 가깝다
☐	たまに 가끔
☐	おくれる 늦다
☐	とちゅう 도중
☐	まいあさ 매일 아침
☐	とおい 멀다
☐	まにあう 시간에 늦지 않게 맞추다
☐	じだい 시대
☐	さっき 아까, 조금 전
☐	まず 우선
☐	はやい 이르다
☐	こんど 이번, 이 다음
☐	もうすぐ 이제 곧, 머지않아
☐	そろそろ 이제 곧, 슬슬
☐	しばらく 잠시, 얼마 동안
☐	しょうらい 장래, 미래
☐	ゆうがた 저녁 무렵, 해질녘
☐	ひるやすみ 점심(휴식) 시간
☐	さいきん 최근
☐	さいしょ 최초

한자	읽는 법	의미
예 学生	がくせい	
以前		
ずっと		
近い		
たまに		
遅れる		
途中		
毎朝		
遠い		
間に合う		
時代		
さっき		
まず		
早い		
今度		
もうすぐ		
そろそろ		
しばらく		
将来		
夕方		
昼休み		
最近		
最初		

DAY 27

범위·위치·방향

DAY 27 mp3

- [ ] 01 間
- [ ] 02 以外
- [ ] 03 以上
- [ ] 04 以内
- [ ] 05 内
- [ ] 06 裏
- [ ] 07 表
- [ ] 08 近所
- [ ] 09 区
- [ ] 10 県
- [ ] 11 郊外
- [ ] 12 市
- [ ] 13 住所
- [ ] 14 隣
- [ ] 15 席
- [ ] 16 都
- [ ] 17 東京
- [ ] 18 西
- [ ] 19 場所
- [ ] 20 周り
- [ ] 21 真ん中
- [ ] 22 両方
- [ ] 23 押す
- [ ] 24 帰る
- [ ] 25 来る
- [ ] 26 下げる
- [ ] 27 上る/上がる
- [ ] 28 引く
- [ ] 29 向かう
- [ ] 30 戻る
- [ ] 31 高い
- [ ] 32 速い
- [ ] 33 低い
- [ ] 34 まっすぐ
- [ ] 35 おき(に)

01
あいだ
間
명 사이, 동안

なが(長)い(間) お世話に なりました。
오랫동안 신세 많이 졌습니다.

02
い がい
以外
명 이외

こうえん(公園)(以外)に 運動できる ところは ありませんか。
공원 이외에 운동할 수 있는 곳은 없을까요?

03
い じょう
以上
명 이상

せい と すう(生徒数)が 900人(以上)の 大きい 中学校です。
학생수 900명 이상의 큰 중학교입니다.
⟷ 以下 이하

---

04 ★
い ない
以内
명 이내

4人(以内)なら うちの 車に 乗れる。
4명 이내면 우리 차에 탈 수 있다.

05
うち
内
명 ①(범위) 안, 속, 가운데
②(물건의) 내부, 안

① 10人の (内) 3人が 風邪を ひいて いる。
10명 중 3명이 감기에 걸렸다.

② 雨が 強くて コートの (内)側まで ぬれた。
비가 세게 내려서 코트의 안까지 젖었다.

---

06 ★
うら
裏
명 뒤

(裏)の 道は せまいが 近道だ。
뒷길은 좁지만 지름길이다.

---

07 ★
おもて
表
명 겉

シャツの (表)と 裏を 反対に 着て しまった。
셔츠의 겉과 속을 반대로 입고 말았다.

08 ★★★ ⑭⑬	家の (近所)には 学校が 二つ ある。
きんじょ **近所**	집 근처에는 학교가 2개 있다.
명 근처	

09	(区)民のための 文化施設が できた。
く **区**	구민을 위한 문화 시설이 생겼다.
명 구, 지역	

10	うちの(県)と 隣の 県の 間には 川が 流れて いる。
けん **県**	우리 현과 옆(이웃) 현간에는 강이 흐르고 있다.
명 현(지방행정구역)	

11	(郊外)の 住宅地は 住みやすい。
こうがい **郊外**	교외의 주택가는 살기 좋다.
명 교외	

12	(市)が 主催する フリーマーケットに 出店した。
し **市**	시가 주최하는 벼룩시장에 가게를 냈다.
명 시	

13 ★★★ ⑩	新しい (住所)を まだ 覚えて いない。
じゅうしょ **住所**	새 주소를 아직 외우지 못하고 있다.
명 주소	

14	部屋の (隅)に 昔 買った ギターが ある。
すみ **隅**	방 구석에 옛날에 산 기타가 있다.
명 구석	

15 ★

せき
席
[명] 자리

地下鉄(ちかてつ)に 乗(の)り、空(あ)いて いる (席(せき))に 座(すわ)った。
지하철을 타 비어있는 자리에 앉았다.

16

と
都
[명] 도

(東京都(とうきょうと))を 訪(おとず)れる 外国人(がいこくじん)の 観光客(かんこうきゃく)が 増(ふ)えて いる。
도쿄도를 방문하는 외국인 관광객이 증가하고 있다.

17

とうきょう
東京
[명] 도쿄, 동경

(東京(とうきょう))出身(しゅっしん)なので 他(ほか)の 地域(ちいき)に ついて あまり 知(し)らない。
도쿄 출신이어서 다른 지역에 관해서는 별로 알지 못한다.

18

にし
西
[명] 서쪽

東京都(とうきょうと)の (西(にし))側(がわ)は 自然(しぜん)が 豊(ゆた)かだ。
도쿄도의 서쪽은 자연이 풍부하다.

+ 北(きた) 북쪽 南(みなみ) 남쪽 東(ひがし) 동쪽

---

19 ★★ ⑪

ばしょ
場所
[명] 장소

バス停(てい)の (場所(ばしょ))が わからず 迷(まよ)って しまった。
버스 정류장이 있는 장소를 몰라 헤매고 말았다.

+ 所(ところ) 곳

20

まわ
周り
[명] 주변

学校(がっこう)の (周(まわ)り)には コンビニや 本屋(ほんや)が ある。
학교 주변에는 편의점이나 서점이 있다.

21

ま なか
真ん中
[명] 한가운데, 한복판, 중앙

この写真(しゃしん)の (真(ま)ん中(なか))に 写(うつ)って いるのが 私(わたし)の 彼(かれ)です。
이 사진 중앙에 찍혀 있는 사람이 제 남자친구입니다.

22		僕と 妻、(両方)の 家族が 集まった。
りょうほう		나와 아내 양쪽 집안 식구가 모였다.
両方		↔ 片方 한쪽, 한편, 한 짝
명 양쪽		

---

23 ★ ⑬

押す
お

동 밀다, 누르다

満員電車で 後ろの 人が (押して) きた。
만원 전철에서 뒤에 있는 사람이 밀었다.

24

帰る
かえ

동 돌아가(오)다

残業を して (帰る) 時間が 遅く なった。
잔업을 해서 귀가 시간이 늦어졌다.

➕ 帰り 귓갓길
かえ

---

25 ★ ⑩

来る
く

동 오다

本社から 現場まで 一人で (来られます)か。
본사에서 현장까지 혼자서 올 수 있나요?

↔ 行く 가다
い

26

下げる
さ

동 내리다

頭を 深く (下げて) あいさつした。
머리를 깊이 숙여 인사를 했다.

↔ 上げる (높은 곳으로) 올리다
あ

27

上る / 上がる
のぼ　　あ

동 오르다

山に (上って) きれいな 景色を 見た。
산에 올라 아름다운 경치를 보았다.

学校の 成績が (上がって) 嬉しい。
학교 성적이 올라 기쁘다.

---

28 ★

引く
ひ

동 당기다, (손잡아) 이끌다

お母さんが 子どもの 手を (引いて) 歩いて いた。
엄마가 아이의 손을 잡고 걷고 있었다.

---

29 ☐☐

む
向かう

동 향하다

今から (向かう)ので 15分後に 到着します。
이제부터 그쪽으로 가니까 15분 후에 도착할 겁니다.

---

30 ★★ ⑬☐☐

もど
戻る

동 되돌아가(오)다

ミーティングから (戻ったら) 食事に 行く。
미팅에서 돌아오면 식사하러 간다.

---

31 ⑭☐☐

たか
高い

イ 비싸다, 높다

ここは 68階建ての (高い) ビルだ。
이곳은 68층짜리 높은 빌딩이다.

---

32 ☐☐

はや
速い

イ 빠르다

野生動物は 足が (速い)。
야생 동물은 발이 빠르다.

---

33 ☐☐

ひく
低い

イ 낮다

山に 行くと 雲の 位置が (低く) 感じる。
산에 가면 구름의 위치가 낮게 느껴진다.

---

34 ☐☐

まっすぐ

부 똑바로, 곧장

(まっすぐ) 前を 見て 進んで ください。
똑바로 앞을 보고 나아가 주세요.

---

35 ★ ☐☐

おき(に)

걸러, 간격 (수량·시간·거리 등을 나타내는 말에 붙어 일정한 간격으로 거듭됨을 나타냄)

二日(おきに) ヨガの 教室に 通って いる。
사흘에 한 번 요가교실에 다니고 있다.

실전모의고사로 실력을 한 번 더
확인하세요. www.sisabooks.com에서
다운가능!!!

1 해당 어휘의 음독을 찾고, 빈칸에 의미를 적으세요.

예	学生	✓① がくせい	② がっせい	학 생

1	押す	① けす	② おす	_____
2	近所	① きんじょ	② きんしょ	_____
3	席	① すみ	② せき	_____
4	住所	① じゅしょ	② じゅうしょ	_____
5	低い	① ひくい	② やすい	_____

2 문맥에 맞는 단어를 골라, 알맞은 형태로 만드세요. 　표제어 번호

6　満員電車で 後ろの 人が (　　　　　)きた。　23

7　(　　　　　)前を 見て 進んで ください。　34

8　今から (　　　　　)ので 15分後に 到着します。　29

9　二日(　　　　　)ヨガの 教室に 通って いる。　35

10　野生動物は 足が (　　　　　)。　32

まっすぐ	速い	押す	向かう	おきに

정답

1 ② 밀다, 누르다　2 ① 근처　3 ② 자리　4 ② 주소　5 ① 낮다
6 押して　7 まっすぐ　8 向かう　9 おきに　10 速い

そうだ、ようだ、らしい

● 접속형태

구분	そうだ	ようだ	らしい
	직감적 판단, 긴박함 ~일(할)것 같다	주관적 근거에 의한 추측 ~인(한)것 같다	객관적 근거★에 의한 추측 ~인(한)것 같다, ~라고 한다
동사	降りそうだ	降るようだ	降るらしい
い형용사	寒そうだ 예외) いい ➡ よさそうだ ない ➡ なさそうだ	寒いようだ	寒いらしい
な형용사	静かそうだ	静かなようだ	静からしい
명사	X	日本人のようだ	日本人らしい

★ 「みたいだ」는 「ようだ」의 회화적 표현으로 주관적 근거에 의한 추측을 나타내며, 접속형태는 らしい와 같다.

● 전문의 **そうだ** (~라고 한다)

구분	접속	예문
동사	降るそうだ	天気予報によると明日は雪が降るそうです。 일기예보에 의하면 내일은 비가 내린다고 한다.
い형용사	寒いそうだ	山田さんの話によると、あの店はおいしいそうです。　야마다씨의 이야기에 의하면, 저 가게는 맛있다고 한다.
な형용사	静かだそうだ	日本人は親切だそうです。　일본인은 친철하다고 한다.
명사	日本人だそうだ	山田さんのお母さんは先生だそうだ。 야마다씨의 어머니는 선생님이라고 한다.

● **そうだ・ようだ・らしい**의 활용

구분	そうだ	ようだ	らしい
명사 수식	雨がふりそうな空	子どものような顔	春らしい天気
동사, 형용사 수식	雨がふりそうに見える	日本人のように話す	春らしく暖かい

★ 「そうだ」와 「ようだ」는 な형용사처럼 활용하고, 「らしい」는 い형용사처럼 활용한다.

복습해 볼까요?

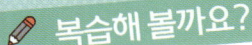

아래의 단어를 보고 읽는 법과 뜻을 적어 본 후 점선대로 접어서 답을 확인해 봅시다.
틀린 단어는 뒷 페이지 □에 V표시를 해 봅시다.

접는 선

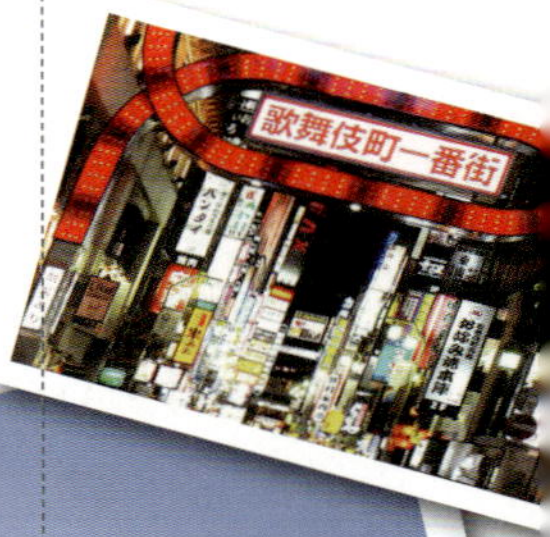

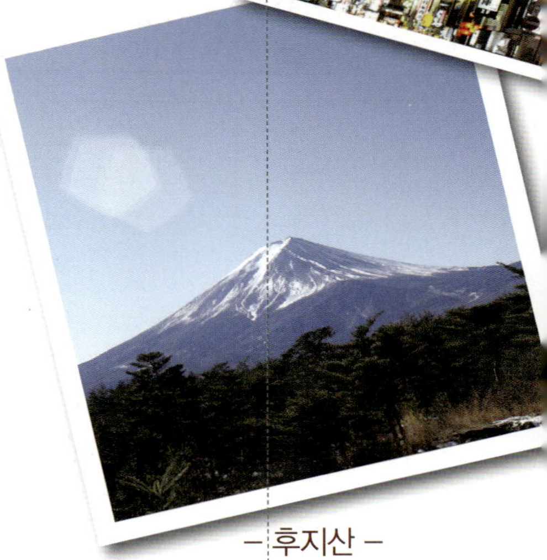

단어	읽는 법과 뜻	
学生	がくせい	
表		
郊外		
隅		
近所		
低い		
下げる		
引く		
東京		
帰る		
戻る		
押す		
高い		
速い		
西		
両方		
上る		
席		
場所		
周り		
住所		
真ん中		
向かう		

접으면 답을 확인할 수 있어요.

– 후지산 –

예처럼 빈칸을 채우면서 다시 한번
체크해 봅시다.

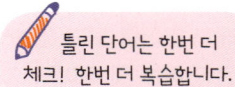
틀린 단어는 한번 더
체크! 한번 더 복습합니다.

읽는 법과 뜻

	읽는 법과 뜻
☐	がくせい / 학생
☐	おもて / 겉
☐	こうがい / 교외
☐	すみ / 구석
☐	きんじょ / 근처
☐	ひくい / 낮다
☐	さげる / 내리다
☐	ひく / 당기다, 이끌다
☐	とうきょう / 도쿄, 동경
☐	かえる / 돌아(가)오다
☐	もどる / 되돌아(가)오다
☐	おす / 밀다, 누르다
☐	たかい / 비싸다, 높다
☐	はやい / 빠르다
☐	にし / 서쪽
☐	りょうほう / 양쪽
☐	のぼる / 오르다
☐	せき / 자리
☐	ばしょ / 장소
☐	まわり / 주변
☐	じゅうしょ / 주소
☐	まんなか / 한가운데
☐	むかう / 향하다

한자	읽는 법	의미
예 学生	がくせい	
表		
郊外		
隅		
近所		
低い		
下げる		
引く		
東京		
帰る		
戻る		
押す		
高い		
速い		
西		
両方		
上る		
席		
場所		
周り		
住所		
真ん中		
向かう		

DAY

DAY 28 mp3

수·량·정도

☐ 01 以下	☐ 02 一軒	☐ 03 大勢	☐ 04 オーバー
☐ 05 億	☐ 06 二台	☐ 07 二倍	☐ 08 二十歳
☐ 09 毎回	☐ 10 かける	☐ 11 数える	☐ 12 足す
☐ 13 足りる	☐ 14 増える	☐ 15 減る	☐ 16 多い
☐ 17 惜しい	☐ 18 軽い	☐ 19 十分(な)	☐ 20 適当(な)
☐ 21 あまり	☐ 22 いっぱい	☐ 23 少し	☐ 24 にこにこ
☐ 25 二度と	☐ 26 ほど	☐ 27 最も	☐ 28 割合に

01 ★ ⑫ □□ いか **以下** 명 이하	にん いか ちい かいしゃ 30人(以下)の 小さな 会社です。 30명 이하의 작은 회사입니다.
02 □□ いっけん **一軒** 명 한 채(건물 세는 단위)	いえ とうきょう いっけん いっけん 家は 東京に (一軒)と ハワイに (一軒) あります。 집은 도쿄에 한 채, 하와이에 한 채 있습니다.
03 ★★★ ⑭ □□ おおぜい **大勢** 명 여럿, 많은 사람, 많이	けっこんしき おおぜい ひと き 結婚式には (大勢)の 人が 来て くれた。 결혼식에는 많은 사람이 와 주었다.
04 □□ **オーバー** 명 오버	はいゆう えんぎ み わら 俳優の (オーバーな) 演技を 見て 笑った。 배우의 오버하는 연기를 보고 웃었다.
05 □□ おく **億** 명 억	にほん じんこう おく せんまんにん 日本の 人口は 1(億) 2千万人だ。 일본의 인구는 1억 2천만 명이다.
06 ★ ⑫ □□ に だい **二台** 명 두 대	いえ まえ くるま にだい 家の 前に 車が (二台) とまっている。 집 앞에 차가 두 대 서 있다.
07 □□ に ばい **二倍** 명 두 배	か ようび にばい このスーパーでは 火曜日に ポイントが (二倍)に なる。 이 슈퍼마켓에서는 화요일에 포인트가 두 배가 된다.

08
はたち
二十歳
[명] 스무 살

(二十歳)に なってから 一人暮らしを 始めた。
스무살이 되고 나서 혼자 살기 시작했다.

09
まいかい
毎回
[명] 매회, 매번

授業中に (毎回) 注意されて いる。
수업 중에 매번 주의를 받고 있다.

10
かける
[동] 곱하다, 곱셈하다

一人前の 値段に 人数を (かける)と 合計 2万円に なる。
1인분 가격에 인원수를 곱하면 합계 2만 엔이 된다.
↔ 分ける 나누다, 분할하다

11 ★★ ⑫
かぞ
数える
[동] (수를) 세다, 계산하다

セミナーに 参加した 人の 数を (数えた)。
세미나에 참가한 사람의 숫자를 세었다.

12 ★
た
足す
[동] 더하다

総務部と 営業部の 人数を (足して) 弁当を 注文した。
총무부와 영업부의 인원수를 더해서 도시락을 주문했다.
↔ 引く 감하다, 빼다

13 ★★★ ⑮ ⑬
た
足りる
[동] 충분하다

時間が (足りる)か 事前に 確認した。
시간이 충분한지 사전에 확인했다.

この 市では 幼稚園の 数が (足りない)。
이 시에는 유치원 수가 부족하다.
+ 足りない 부족하다

14 ★★ ⑮
ふ
増える
[동] 늘다

75歳以上の 高齢者が (増えて) いる。
75세 이상의 고령자가 증가하고 있다.

15 へ **減る** 통 줄다	もり しょくぶつ どうぶつ へ 森の 植物や 動物が (減って) いる。 숲의 식물과 동물이 줄고 있다.
16 おお **多い** イ 많다	と し ひと くるま おお 都市には 人や 車が (多い)。 도시에는 사람과 차가 많다.
17 お **惜しい** イ 아깝다	いっぷん いちびょう お いそが 1分 1秒も (惜しい)ほど 忙しい。 1분 1초도 아까울 만큼 바쁘다.
18 ★★★ ⑭⑫ かる **軽い** イ 가볍다	くつ かる この 靴は (軽くて) はきやすい。 이 신발은 가벼워서 신기 편하다.
19 ★★ ⑮⑫ じゅうぶん **十分(な)** ナ 충분(한)	かれ い しゃ じゅうぶん けいけん ち しき 彼は 医者として (十分な) 経験と 知識が ある。 그는 의사로서 충분한 경험과 지식이 있다.
20 てきとう **適当(な)** ナ 적당(한), 알맞은	どうそうかい かいじょう てきとう さが 同窓会の 会場として (適当な) ところを 探している。 동창회 회장(모임 장소)으로 적당한 곳을 찾고 있다.
21 **あまり** 부 그다지, 너무	きょう いそが じ かん 今日は 忙しくて (あまり) 時間が ない。 오늘은 바빠서 별로 시간이 없다.

22	
いっぱい	コンビニで お菓子を (いっぱい) 買った。
🔵 부 많이	편의점에서 과자를 많이 샀다.

23	
すこ **少し**	料理の 本には 塩を (少し) 入れると 書いて あった。
🔵 부 조금	요리책에는 소금을 조금 넣는다고 적혀있었다.

24 ★★ ⑬	
にこにこ	彼は いつも (にこにこ)して 明るい 人だ。
🔵 부 생글생글, 싱글벙글	그는 항상 생글생글 웃고 밝은 사람이다.

25	
に ど **二度と**	もう こんな 機会は (二度と) 来ない だろう。
🔵 부 두 번 다시, 재차(부정 수반)	이제 이런 기회는 두 번 다시 오지 않을 것이다.

26	
ほど	ベルギーに 8年(ほど) 住んで いた。
🔵 부 정도, 만큼	벨기에에 8년 정도 살았었다.

27	
もっと **最も**	ショパンは 私が (最も) 好きな 作曲家だ。
🔵 부 가장	쇼팽은 내가 가장 좋아하는 작곡가다.

28 ★	
わりあい **割合に**	部屋も (割合に) きれいだった。
🔵 부 비교적	방도 비교적 깨끗했다. ≒ 割に 비교적

실전모의고사로 실력을 한 번 더 확인하세요. www.sisabooks.com에서 다운가능!!!

1 해당 어휘의 음독을 찾고, 빈칸에 의미를 적으세요.

| 예 | 学生 | ✓① がくせい | ② がっせい | 학생 |

1	十分	① じゅうぶん	② じゅぶん	
2	二台	① にだい	② にけん	
3	足りない	① はりない	② たりない	
4	数える	① すうえる	② かぞえる	
5	軽い	① かるい	② あさい	

2 문맥에 맞는 단어를 골라, 알맞은 형태로 만드세요. 표제어 번호

6 　彼(かれ)は いつも (　　　　　)して 明(あか)るい 人(ひと)だ。 24

7 　部屋(へや)も (　　　　　)きれいだった。 28

8 　森(もり)の 植物(しょくぶつ)や 動物(どうぶつ)が (　　　　　)いる。 15

9 　結婚式(けっこんしき)には (　　　　　)の 人(ひと)が 来(き)て くれた。 03

10 　時間(じかん)が (　　　　　)か 事前(じぜん)に 確認(かくにん)した。 13

| 足(た)りる | 減(へ)る | 割合(わりあい)に | にこにこ | 大勢(おおぜい) |

가정법 たら・と

たら	降る → 降ったら　　安い → 安かったら ひまだ → ひまだったら　　夏休み → 夏休みだったら **가정조건 (만약~라면)** 雨が 降ったら、出かけません。 비가오면 나가지 않겠습니다. **확정미래 조건 (반드시 성립될 사항에 대해서 이야기 할 때)** 【たら≠と・ば】 駅に 着いたら、電話 ください。 역에 도착하면, 전화 주세요.
と	行く → 行くと　　近い → 近いと 静かだ → 静かだと　　天気 → 天気だと **자연 법칙・반복 습관** 春に なると 花が 咲きます。 봄이 되면 꽃이 핍니다. この ボタンを 押すと ドアが 開きます。 이 버튼을 누르면 문이 열립니다. **길안내** この を 道を まっすぐ 行くと 郵便局が あります。 이 길을 곧장 가면, 우체국이 있습니다.
たら=と	**발견의 용법** 窓を 開けたら、雪が 降って いました。 窓を 開けると、雪が 降って いました。 창문을 열었더니(열자), 눈이 내리고 있었습니다. 教室に 行ったら、先生が いました。 教室に 行くと、先生が いました。 교실에 갔더니(가자), 선생님이 있었습니다.

허가 · 금지 · 명령

てはだめだ	~해서는 안됩니다 〈금지〉 授業に おくれ**ては だめ**です。 수업에 늦어서는 안됩니다.
てはいけない	~해서는 안됩니다 〈금지〉 授業に おくれ**ては いけません**。 수업에 늦어서는 안됩니다.
てもいい	~해도 됩니다 〈허가〉 窓を しめ**てもいい**です。　창문을 닫아도 됩니다.
てもかまわない	~해도 상관없습니다 〈허가〉 窓を しめ**ても かまいません**。　창문을 닫아도 상관없습니다.
な！	하지마! 〈명령〉 飲んだら 運転する**な**！　술 마셨으면 운전하지마!

조사 + 동사

が する	~가 나다 ピアノの おと**が します**。 피아노 소리가 납니다. いい におい**が します**。 좋은 냄새가 납니다.
について	~에 대해서 妹 は 日本の 文学**について** 研究して います。 여동생은 일본 문학에 대해서 연구하고 있습니다.
に比べて	~에 비(교)해서 昨日**に比べて** 今日は あまり 寒く ない。 어제에 비해서 오늘은 그다지 춥지 않다.
にとって	~에게 있어서 かれ**にとって** かのじょは とても 大切な 人だ。 그에게 있어서 그녀는 매우 소중한 사람이다.

아래의 단어를 보고 읽는 법과 뜻을 적어 본 후 점선대로 접어서 답을 확인해 봅시다.
틀린 단어는 뒷 페이지 ☐ 에 V표시를 해 봅시다.

접는 선

단어	읽는 법과 뜻	
学生	がくせい	
以下		
毎回		
大勢		
億		
二台		
二倍		
二十歳		
かける		
数える		
足す		
増える		
減る		
多い		
軽い		
足りない		
十分(な)		
適当(な)		
少し		
にこにこ		
二度と		
最も		
割合に		

✎ 접으면 답을 확인할 수 있어요.

– 나라 사슴공원 –

접는 선

예처럼 빈칸을 채우면서 다시 한번
체크해 봅시다.

틀린 단어는 한번 더
체크! 한번 더 복습합니다.

읽는 법과 뜻
☐ がくせい / 학생
☐ いか / 이하
☐ まいかい / 매회, 매번
☐ おおぜい / 여럿, 많은 사람, 많이
☐ おく / 억
☐ にだい / 두 대
☐ にばい / 두 배
☐ はたち / 스무 살
☐ かける / 곱하다, 곱셈하다
☐ かぞえる / (수를) 세다, 계산하다
☐ たす / 더하다
☐ ふえる / 늘다
☐ へる / 줄다
☐ おおい / 많다
☐ かるい / 가볍다
☐ たりない / 부족하다, 모자라다
☐ じゅうぶん(な) / 충분(한)
☐ てきとう(な) / 적당(한), 알맞은
☐ すこし / 조금
☐ にこにこ / 생글생글, 싱글벙글
☐ にど / 두 번, 재차
☐ もっとも / 가장
☐ わりあいに / 비교적

한자	읽는 법	의미
예 学生	がくせい	
以下		
毎回		
大勢		
億		
二台		
二倍		
二十歳		
かける		
数える		
足す		
増える		
減る		
多い		
軽い		
足りない		
十分(な)		
適当(な)		
少し		
にこにこ		
二度と		
最も		
割合に		

DAY

DAY 29 mp3

부사

☐ 01 いくら～ても	☐ 02 いつも	☐ 03 必ず
☐ 04 きっと	☐ 05 急に	☐ 06 ぐっすり	☐ 07 けっして
☐ 08 十分	☐ 09 ずいぶん	☐ 10 すっかり	☐ 11 ぜひ
☐ 12 全然	☐ 13 そう	☐ 14 それほど	☐ 15 そんなに
☐ 16 だいたい	☐ 17 だいぶ	☐ 18 大変	☐ 19 確か
☐ 20 たぶん	☐ 21 だんだん	☐ 22 ちっとも	☐ 23 ちょうど
☐ 24 できるだけ	☐ 25 とうとう	☐ 26 特別に	☐ 27 どんどん
☐ 28 なかなか	☐ 29 なるべく	☐ 30 何度も	☐ 31 はっきり
☐ 32 非常に	☐ 33 別に	☐ 34 ほとんど	☐ 35 本当に
☐ 36 もし	☐ 37 もちろん	☐ 38 もっと	☐ 39 やっと
☐ 40 やはり	☐ 41 ゆっくり	☐ 42 よく	

01 ★★
いくら～ても
부 아무리 ~해도

(いくら) 忙しく(ても) 連絡ぐらい できます。
아무리 바빠도 연락 정도는 할 수 있습니다.

➕ どんなに～ても 아무리 ~해도

02
いつも
부 항상, 늘

先輩は (いつも) 私を 助けて くれる。
선배는 항상 나를 도와준다.

03 ★
必ず
かなら
부 반드시

荷物が 届いたら (必ず) 電話して ください。
짐이 도착하면 반드시 전화해 주세요.

04
きっと
부 틀림없이, 분명

明日は (きっと) 晴れますよ。
내일은 틀림없이 맑을 거예요.

05
急に
きゅう
부 갑자기

部長が (急に) 倒れた。
부장님이 갑자기 쓰러졌다.

06 ★
ぐっすり
부 푹(깊은 잠을 자는 모양)

昨晩は (ぐっすり) 眠れた。
어젯밤은 푹 잤다.

07 ★
けっして
부 (부정 수반) 결코(~않다)

どんな 時でも (けっして) 嘘を ついては いけない。
어떤 때라도 결코 거짓말을 해서는 안 된다.

08
じゅうぶん
十分
🟧 충분히

体調管理に (十分) 気を つけましょう。
컨디션 관리에 충분히 신경씁시다.

09
ずいぶん
🟧 매우, 몹시, 상당히

妹 は 大学に 入ってから (ずいぶん) やせた。
여동생은 대학에 들어가고 나서 살이 몹시 빠졌다.

10 ★
すっかり
🟧 완전히, 모두

この 映画館は 中が (すっかり) 変わって しまった。
이 영화관은 안이 완전히 변해 버렸다.

11
ぜひ
🟧 꼭, 부디

今度 (ぜひ) 家に 遊びに 来て ください。
다음에 부디 집에 놀러 오세요.

12 ★
ぜんぜん
全然
🟧 (부정수반) 전혀 (~않다)

週末の 学校には (全然) 人が いない。
주말의 학교에는 전혀 사람이 없다.

13
そう
🟧 그렇게

お隣の 人が (そう) 言って いた。
옆집 사람이 그렇게 말했었다.

➕ こう 이렇게 ああ 저렇게 どう 어떻게

14 ★
それほど
🟧 (부정수반) 그다지(~않다),
그만큼(~않다)

歌は (それほど) うまく ないです。
노래는 그리 잘하지는 않습니다.

(それほど) 社会の 問題に 関心が あるとは 思わなかった。
그 정도로 사회 문제에 관심이 있다고는 생각하지 않았다.

15

そんなに

부 (부정수반) 그다지(~않다)

けがを したが (そんなに) 痛く なかった。

다치기는 했는데 그렇게(그다지) 아프지는 않았다.

16

だいたい

부 대개

(だいたい) 20人くらい 集まる 予定です。

대략 20명 정도 모일 예정입니다.

＝ たいてい 보통, 대부분

---

17 ★

だいぶ

부 상당히, 많이

(だいぶ) 遅く なったので タクシーで 帰った。

많이 늦어서 택시로 돌아갔다.

18

大変

부 매우, 몹시, 대단히

(大変) お待たせいたしました。

대단히 많이 기다리셨습니다.

19

確か

부 분명히, 틀림없이, 아마

(確か) 部長は 横浜出身だ。

분명 부장님은 요코하마 출신이다.

---

20 ★

たぶん

부 아마도

(たぶん) 大丈夫だと 思います。

아마 괜찮을 거라고 생각합니다.

＝ おそらく 아마도

21

だんだん

부 점점

練習して (だんだん) 泳げる ように なって きた。

연습을 해서 점점 수영할 수 있게 되었다.

22 ★ □□

ちっとも

🔵 (부정수반) 조금도(~않다)

このまんがは (ちっとも) おもしろくない。

이 만화는 조금도 재미있지 않다.

🟦 少^{すこ}しも~ない 조금도 ~않다

---

23 ★ □□

ちょうど

🔵 마침, 꼭

卒業式^{そつぎょうしき}が 終^おわったのは (ちょうど) 5時^じだった。

졸업식이 끝난 것은 정각 5시였다.

---

24 □□

できるだけ

🔵 가능한 한, 가급적, 되도록

(できるだけ) ミスを しないように して ください。

가능한 한 실수를 하지 않도록 해 주세요.

---

25 ★ □□

とうとう

🔵 드디어

(とうとう) 入社^{にゅうしゃ}する 日^ひが 来^きた。

드디어 입사하는 날이 왔다.

---

26 ★ □□

特別^{とくべつ}に

🔵 특별히

今日^{きょう}は (特別^{とくべつ}に) おしゃれして 出^でかけた。

오늘은 특별히 멋을 내고 외출했다.

---

27 ★ □□

どんどん

🔵 점점, 순조롭게, 계속해서

注文^{ちゅうもん}した 料理^{りょうり}を (どんどん) 食^たべた。

주문한 음식을 거침없이 먹었다.

---

28 ★ □□

なかなか

🔵 ①(부정수반) 좀처럼(~않다)
②꽤, 상당히, 매우

① 車^{くるま}が (なかなか) 前^{まえ}に 進^{すす}まない。

차가 좀처럼 앞으로 나아가질 않는다.

② あの人^{ひと} (なかなか) 仕事^{しごと}が できますね。

저 사람 꽤 일 좀 하는데요.

29 **なるべく** 🔵 가능한 한, 되도록	(なるべく) 早^{はや}く 行^いきます。 가능한 한 일찍 가겠습니다.
30 なん ど **何度も** 🔵 몇 번이나	母^{はは}に (何度^{なんど}も) 同^{おな}じ ことを 言^いわれる。 엄마가 몇 번이고 같은 말을 하신다.
31 ★ **はっきり** 🔵 확실히	大^{おお}きい 声^{こえ}で (はっきり) 話^{はな}して ください。 큰 소리로 분명하게 말해 주세요.
32 ★ ひ じょう **非常に** 🔵 대단히, 매우	私^{わたし}たちの 会社^{かいしゃ}は (非常^{ひじょう}に) 難^{むずか}しい 状況^{じょうきょう}だ。 우리 회사는 대단히 어려운 상황이다.
33 べつ **別に** 🔵 별로, 특별히	車^{くるま}には (別^{べつ}に) 興味^{きょうみ}が ない。 차에는 별로 흥미가 없다.
34 ★ **ほとんど** 🔵 (부정 수반) 거의 (~않다)	妻^{つま}には (ほとんど) 休^{やす}みが ない。 아내에게는 거의 쉬는 날이 없다.
35 ほんとう **本当に** 🔵 정말로	私^{わたし}は (本当^{ほんとう}に) デザイナーに なりたかった。 나는 정말 디자이너가 되고 싶었다.

36		(もし) 10億円 あったら 何に 使いますか。
もし		만약 10억 엔이 있다면 무엇에 쓰겠습니까?
부 만약		

37		選手は (もちろん) 監督や コーチも 一生懸命だった。
もちろん		선수는 물론 감독과 코치도 열심히 했다.
부 물론		

38		(もっと) たくさん 食べて ください。
もっと		좀 더 많이 드세요.
부 좀 더		

39 ★		(やっと) 国語の 宿題が 終わった。
やっと		겨우 국어 숙제가 끝났다.
부 겨우		

40		あの 作家の 話は (やはり) おもしろい。
やはり		그 작가의 이야기는 역시 재미있다.
부 역시		＝ やっぱり 역시

41		休日に (ゆっくり) 家の 近くを 歩いた。
ゆっくり		휴일에 느긋하게 집 근처를 걸었다.
부 천천히		

42		会社では (よく) 英語を 使います。
よく		회사에서는 자주 영어를 사용합니다.
부 곧잘, 자주		

✏️ 실전모의고사로 실력을 한 번 더 확인하세요. www.sisabooks.com에서 다운가능!!!

1 문맥에 맞는 단어를 골라 넣으세요. 　표제어 번호

1　荷物が 届いたら (　　　　　　) 電話して ください。　`03`

2　(　　　　　　) 忙しくても 連絡ぐらい できます。　`01`

3　部長が (　　　　　) 倒れた。　`05`

4　昨晩は (　　　　　) 眠れた。　`06`

5　(　　　　　) 大丈夫だと 思います。　`20`

> ぐっすり　　たぶん　　急に　　必ず　　いくら

2 문맥에 맞는 단어를 골라 넣으세요. 　표제어 번호

6　週末の 学校には (　　　　　) 人が いない。　`12`

7　今度 (　　　　　)家に 遊びに 来て ください。　`11`

8　車が (　　　　　)前に 進まない。　`28`

9　卒業式が 終わったのは (　　　　　)5時だった。　`23`

10　(　　　　　)20人くらい 集まる 予定です。　`16`

> だいたい　　ちょうど　　なかなか　　全然　　ぜひ

정답
1 必ず　2 いくら　3 急に　4 ぐっすり　5 たぶん
6 全然　7 ぜひ　8 なかなか　9 ちょうど　10 だいたい

가정법 ば・なら

	行く → 行けば 高い → 高ければ 静かだ → 静かなら(ば) 雨 → 雨なら(ば)
ば	**일반적 논리** 【ば＝と】 春に なれば、花が 咲きます。 봄이 되면, 꽃이 핍니다. この ボタンを 押せば ドアが 開きます。 이 버튼을 누르면, 문이 열립니다. **가정조건(만약~라면)** 【ば≠と】 薬を 飲めば 治るでしょう。 약을 먹으면 나을 겁니다. 用事が なければ 行きます。 용무가 없으면 가겠습니다.
	行く → 行くなら おいしい → おいしいなら 静かだ → 静かなら 旅行 → 旅行なら 명사와 な형용사에는 だ가 빠집니다.

なら	**조언・의견(~라면, ~한다면) (앞에서 제시된 화제를 받아들인 때의 표현)**
	
	┌ A : あの、熱が あるみたいなんです。
	        저기, 열이 있는 것 같아요.
	└ B : 熱が あるなら、早く 帰って 寝た ほうが いいですよ。
	        열이 있다면, 빨리 귀가해서 자는 편이 좋아요.
	
	┌ A : ノートパソコンが ほしいですが…。
	        노트북을 갖고 싶은데요.
	└ B : ノートパソコンを 買うなら、韓国製が いいですよ。
	        노트북을 산다면, 한국제품이 좋아요.

기타 중요 표현

つもりだ	～ (할) 생각이다 日本に 行く つもりです。 일본에 갈 생각입니다.
予定だ	～ (할) 예정이다 日本に 出張に 行く 予定です。 일본으로 출장을 갈 예정입니다.
～し	～하고 この 店は 店員も 親切だし おいしいです。 이 가게는 점원도 친절하고 맛도 있습니다.
はずだ	분명 ～일 것이다 きみなら 合格するはずだよ。 너라면 분명히 합격할 수 있을 거야.
はずがない	～ (일) 리가 없다 こんな 問題が 試験に 出る はずが ない。 이런 문제가 시험에 나올 리가 없어.

상태표현

타동사 + てある	～해져있다 窓が 開けて あります。 창문이 열려 있습니다.
자동사 + ている	～해져있다 かばんが 開いて います。 가방이 열려 있어요.

아래의 단어를 보고 읽는 법과 뜻을 적어 본 후 점선대로 접어서 답을 확인해 봅시다.
틀린 단어는 뒷 페이지 □에 V표시를 해 봅시다.

접는 선

접으면 답을 확인할 수 있어요.

단어	의미
とうとう	드디어
いくら～ても	
なかなか	
急_{きゅう}に	
ほとんど	
けっして	
そんなに	
ぜひ	
だいたい	
ちょうど	
大変_{たいへん}	
もちろん	
必_{かなら}ず	
たぶん	
全然_{ぜんぜん}	
だんだん	
どんどん	
もっと	
ゆっくり	
特別_{とくべつ}に	
きっと	
ぐっすり	
はっきり	

− 레인보우브릿지 −

예처럼 빈칸을 채우면서 다시 한번
체크해 봅시다.

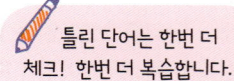
틀린 단어는 한번 더
체크! 한번 더 복습합니다.

읽는 법과 뜻		한자	의미	
☐	とうとう 드디어	**예** とうとう	드디어	とうとう
☐	아무리 ~해도	いくら～ても		
☐	① 좀처럼 ② 꽤, 상당히, 매우	なかなか		
☐	갑자기	急^{きゅう}に		
☐	거의(~않다)	ほとんど		
☐	결코	けっして		
☐	그다지(~않다)	そんなに		
☐	꼭, 부디	ぜひ		
☐	대개	だいたい		
☐	마침, 꼭	ちょうど		
☐	매우, 몹시, 대단히	大変^{たいへん}		
☐	물론	もちろん		
☐	반드시	必^{かなら}ず		
☐	아마도	たぶん		
☐	전혀(~않다)	全然^{ぜんぜん}		
☐	점점	だんだん		
☐	점점, 순조롭게, 계속해서	どんどん		
☐	좀 더	もっと		
☐	천천히	ゆっくり		
☐	특별히	特別^{とくべつ}に		
☐	틀림없이	きっと		
☐	푹(깊은 잠을 자는 모양)	ぐっすり		
☐	확실히	はっきり		

DAY 30

경어와 접속어

알고 있는 단어를 체크해 봅시다.

● 경어

- [ ] 01 なさる
- [ ] 02 いらっしゃる
- [ ] 03 おっしゃる
- [ ] 04 ご覧になる
- [ ] 05 召し上がる
- [ ] 06 ごぞんじです
- [ ] 07 おいでになる
- [ ] 08 くださる
- [ ] 09 ていらっしゃる
- [ ] 10 伺う
- [ ] 11 拝見する
- [ ] 12 いたす
- [ ] 13 おる
- [ ] 14 ておる
- [ ] 15 参る
- [ ] 16 申す
- [ ] 17 お目にかかる
- [ ] 18 差し上げる
- [ ] 19 いただく
- [ ] 20 ございます
- [ ] 21 でございます

● 접속어

- [ ] 22 けれど
- [ ] 23 けれども
- [ ] 24 しかし
- [ ] 25 すると
- [ ] 26 それから
- [ ] 27 それで
- [ ] 28 それに
- [ ] 29 だから
- [ ] 30 ところが
- [ ] 31 ところで
- [ ] 32 なるほど
- [ ] 33 または

01	お食事は 何に (なさいますか)。
なさる	식사는 무엇으로 하시겠습니까?
죤 하시다	➕ 「する(하다)」의 높임말

02	教授は 研究室に (いらっしゃいます)。
いらっしゃる	교수님은 연구실에 계십니다.
죤 가시다, 오시다, 계시다	➕ 「いく(가다)・くる(오다)・いる(있다)」의 높임말

03	課長が 急ぐように (おっしゃいました)。
おっしゃる	과장님이 서두르라고 말씀하셨습니다.
죤 말씀하시다	➕ 「いう(말하다)」의 높임말

04	会長は 報告書を (ご覧になった)。
ご覧になる	회장님은 보고서를 보셨다.
죤 보시다	➕ 「みる(보다)」의 높임말

05	みなさんで (召し上がって) ください。
召し上がる	여러분끼리 드세요.
죤 드시다, 잡수시다	➕ 「のむ(마시다)・たべる(먹다)」의 높임말

06	先ほど 理事にも お伝えしましたので、(ごぞんじです)。
ごぞんじだ	좀 전에 이사님께도 전달했으므로 알고 계십니다.
죤 알고 계시다	➕ 「しっている(알고 있다)」의 높임말

07	大統領は 10分後に (おいでになる) そうです。
おいでになる	대통령은 10분 후에 오신다고 합니다.
죤 오시다, 가시다, 계시다	➕ 「いく(가다)・くる(오다)・いる(있다)」의 높임말

08	
くださる	
존 주시다	

<ruby>学長<rt>がくちょう</rt></ruby>が <ruby>優秀賞<rt>ゆうしゅうしょう</rt></ruby>を (くださいました)。
학장님이 우수상을 주셨습니다.

➕ 「くれる(주다)」의 높임말

09	
～ていらっしゃる	
존 ~하고 계시다	

こちらは <ruby>不動産会社<rt>ふどうさんがいしゃ</rt></ruby>を <ruby>経営<rt>けいえい</rt></ruby>(して いらっしゃる) <ruby>鈴木<rt>すずき</rt></ruby>
<ruby>社長<rt>しゃちょう</rt></ruby>です。
이쪽은 부동산 회사를 경영하고 계시는 스즈키 사장님입니다.

➕ 「～ている(~하고 있다)」의 높임말

10	
うかが **伺う**	
겸 묻다, 듣다, 방문하다	

<ruby>先生<rt>せんせい</rt></ruby>の <ruby>研究<rt>けんきゅう</rt></ruby>に ついて お(<ruby>伺<rt>うかが</rt></ruby>い)します。
선생님의 연구에 관해서 여쭙겠습니다.

<ruby>社長<rt>しゃちょう</rt></ruby>の お<ruby>宅<rt>たく</rt></ruby>に (<ruby>伺<rt>うかが</rt></ruby>った)。
사장님 댁에 찾아 뵈었다.

➕ 「きく(듣다, 묻다)」의 겸사말, 「たずねる(방문하다)」의 겸사말

11	
はいけん **拝見する**	
겸 보다	

お<ruby>持<rt>も</rt></ruby>ちいただきました <ruby>資料<rt>しりょう</rt></ruby>を (<ruby>拝見<rt>はいけん</rt></ruby>)しました。
가져오신 자료를 보았습니다.

➕ 「みる(보다)」의 겸사말

12	
いたす	
겸 하다	

それでは ご<ruby>案内<rt>あんない</rt></ruby>(いたします)。
그럼 안내해 드리겠습니다.

➕ 「する(하다)」의 겸사말

13	
おる	
겸 있다	

<ruby>私<rt>わたし</rt></ruby>は <ruby>妹<rt>いもうと</rt></ruby>が <ruby>一人<rt>ひとり</rt></ruby>(おります)。
저는 여동생이 한 명 있습니다.

➕ 「いる(있다)」의 겸사말

14	
～ておる	
겸 ~하고 있다	

<ruby>貿易関係<rt>ぼうえきかんけい</rt></ruby>の <ruby>仕事<rt>しごと</rt></ruby>を (して おります)。
무역 관계 일을 하고 있습니다.

➕ 「～ている(있다)」의 겸사말

15 ☐☐ まい **参る** 겸 가다, 오다	では また 明日 10時に (参ります)。 <small>あした じ まい</small> 그럼 또 내일 10시에 오겠습니다. ➕「いく(가다)・くる(오다)」의 겸사말
16 ☐☐ もう **申す** 겸 말하다, 말씀드리다	祖父が つねづね (申して) おりました。 <small>そ ふ もう</small> 할아버지께서 항상 말했습니다. ➕「いう(말하다)」의 겸사말
17 ☐☐ め **お目にかかる** 겸 만나뵙다	(お目にかかれて) 光栄です。 <small>め こうえい</small> 만나 뵐 수 있어 영광입니다. ➕「たずねる(방문하다)」의 겸사말
18 ☐☐ さ あ **差し上げる** 겸 드리다	本日 お越しの 皆様に (差し上げます)。 <small>ほんじつ こ みなさま さ あ</small> 오늘 오시는 여러분께 드리겠습니다. ➕「あげる(주다)」의 겸사말
19 ☐☐ **いただく** 겸 먹다, 마시다, 받다	おいしい お茶を (いただきました)。 <small>ちゃ</small> 맛있는 차를 주셨습니다. ➕「もらう(받다)」의 겸사말
20 ☐☐ **ございます** 정 있습니다	ご注文いただきました 商品は こちらに (ございます)。 <small>ちゅうもん しょうひん</small> 주문해 주신 상품은 이쪽에 있습니다. ➕「ある(있다)」의 정중어
21 ☐☐ **〜でございます** 정 〜입니다	こちらで 人事を 担当して おります 高橋(でございます)。 <small>じんじ たんとう たかはし</small> 여기서 인사를 담당하고 있는 타카하시입니다. ➕「〜である(이다)」의 정중어

22 けれど 접 하지만	はやく 治るといい。(けれど)、まだ 退院できない。 빨리 나으면 좋겠다. 하지만 아직 퇴원할 수 없다.
23 けれども 접 그렇지만	天気のいい日が 続けば いいです。(けれども) 明日は 雨の 予報です。 날씨가 좋은 날이 계속되면 좋겠습니다. 그렇지만 내일은 비가 내린다는 예보입니다.
24 しかし 접 그러나	私は 賛成だ。(しかし) 反対意見も 多い。 나는 찬성이다. 그러나 반대 의견도 많다.
25 すると 접 그러자, 그랬더니	強く 降って いた 雨が やんだ。(すると) 外が だんだん 明るく なって きた。 강하게 내렸던 비가 그쳤다. 그러자 밖이 점점 밝아지기 시작했다.
26 それから 접 그리고 나서	二人は 多くの 反対の 中で 結婚した。(それから) 20年の 月日が 過ぎた。 두 사람은 많은 반대 속에서 결혼했다. 그리고 나서 20년의 세월이 지났다.
27 それで 접 그래서	だれも リーダーを しなかった。(それで) 私が すると 言った。 아무도 리더를 하지 않았다. 그래서 내가 한다고 했다.
28 それに 접 게다가	彼女は 勉強も 運動も よく できる。(それに) 性格も いい。 그녀는 공부도 운동도 잘한다. 게다가 성격도 좋다.

29 ☐☐ **だから** 졉 그러니까, 그래서, 때문에	また宿題を忘れたの？(だから) 何回も 注意したのに。 또 숙제를 안 가져왔어? 그래서 몇 번이나 주의를 주었는데.
30 ☐☐ **ところが** 졉 그런데, 그러나	約束の 場所に 行った。(ところが) そこには 誰も いなかった。 약속 장소에 갔다. 그런데 거기에는 아무도 없었다.
31 ☐☐ **ところで** 졉 (화제 전환) 그런데, 그건 그렇다 치고	(ところで) 最近 なぜ そんなに 忙しいの。 그런데 요즘 왜 그렇게 바쁜 거야?
32 ☐☐ **なるほど** 졉 역시	新聞を 読んで「(なるほど)」と 納得した。 신문을 읽고 '역시' 하고 납득했다.
33 ☐☐ **または** 졉 또한, 혹은	専門学校 (または) 大学への 進学を 考えて いる。 전문학교 또는 대학으로의 진학을 생각하고 있다.

실전모의고사로 실력을 한 번 더 확인하세요. www.sisabooks.com에서 다운가능!!!

1 문맥에 맞는 단어를 골라 넣으세요. 표제어 번호

1 教授は 研究室に ( )。 `02`

2 お食事は 何に ( )。 `01`

3 私は 妹が 一人 ( )。 `13`

4 ( )光栄です。 `17`

5 学長が 優秀賞を ( )。 `08`

> くださる おる なさる いらっしゃる お目にかかる

2 문맥에 맞는 단어를 골라 넣으세요. 표제어 번호

6 天気の いい日が 続けば いいです。( ) 明日は 雨の 予報です。 `23`

7 新聞を 読んで「( )」と 納得した。 `32`

8 専門学校 ( ) 大学への 進学を 考えて いる。 `33`

9 彼女は 勉強も 運動も よく できる。( )性格も いい。 `28`

10 約束の 場所に 行った。( )そこには 誰も いなかった。 `30`

> ところが それに なるほど または けれども

정답

1 いらっしゃいます 2 なさいますか 3 おります 4 お目にかかれて 5 くださいました
6 けれども 7 なるほど 8 または 9 それに 10 ところが

특수 경어표

겸양어 (나를 낮춘다)	일반동사		존경어 (상대를 높인다)
まいる	行く	가다	いらっしゃる★
	来る	오다	
おる	いる	있다	
～ておる	～ている	～하고 있다	～ていらっしゃる★
もうす もうしあげる	言う	말하다	おっしゃる★
ぞんじる	知る	알다	ごぞんじです
拝見する	見る	보다	ごらんになる
いたす	する	하다	なさる
いただく	飲む	마시다	めしあがる
	食べる	먹다	
うかがいます	訪ねる	방문하다	
	聞く	듣다, 묻다	

★ いらっしゃる + ます ➡ いらっしゃいます
　 おっしゃる + ます ➡ おっしゃいます
★ いただく는 もらう의 겸양어이기도 합니다.

아래의 단어를 보고 읽는 법과 뜻을 적어 본 후 점선대로 접어서 답을 확인해 봅시다.
틀린 단어는 뒷 페이지 ☐ 에 V표시를 해 봅시다.

접는 선

단어	의미
とうとう	드디어
参る	
いらっしゃる	
それに	
それで	
それから	
すると	
ところが	
けれども	
召し上がる	
または	
お目にかかる	
おっしゃる	
申す	
いただく	
伺う	
拝見する	
ご覧になる	
ごぞんじだ	
なるほど	
おる	
いたす	
なさる	

✏️ 접으면 답을
확인할 수 있어요.

— 교토타워 —

예처럼 빈칸을 채우면서 다시 한번
체크해 봅시다.

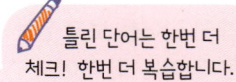

틀린 단어는 한번 더
체크! 한번 더 복습합니다.

읽는 법과 뜻		어휘	의미	어휘
☐	드디어	예 とうとう	드디어	とうとう
☐	가다, 오다	参る		
☐	가시다, 오시다, 계시다	いらっしゃる		
☐	게다가	それに		
☐	그래서	それで		
☐	그러고 나서	それから		
☐	그러자, 그랬더니	すると		
☐	그런데, 그러나	ところが		
☐	그렇지만	けれども		
☐	드시다, 잡수시다	召し上がる		
☐	또한, 혹은	または		
☐	만나뵙다	お目にかかる		
☐	말씀하시다	おっしゃる		
☐	말하다, 말씀드리다	申す		
☐	먹다, 마시다, 받다	いただく		
☐	묻다, 듣다, 방문하다	伺う		
☐	보다	拝見する		
☐	보시다	ご覧になる		
☐	알고 계시다	ごぞんじだ		
☐	역시	なるほど		
☐	있다	おる		
☐	하다	いたす		
☐	하시다	なさる		

📖 읽어 볼까요?

旅行の喜び

都会の生活に疲れると、人は旅行に行ってみたくなる。いつもとは違うわくわくした気分で、季節によって違う景色を探して歩いたり、日本の各地にある温泉を楽しむことでしばらくの間、ストレスを忘れることができるからだ。今は交通が便利なので北から南まで、どこでも速く、自由に行けるが、ときには電車を途中で降りて、地図を見ながらぶらぶらするのもおもしろい。静かな町の中で道に迷った時、そこに住んでいる人に声をかけておいしい店を教えてもらえることもある。何日間かの旅行から帰ったら、今までとは違う自分になった気分になれるのも旅行のもう一つの喜びだ。

여행의 기쁨

도시의 생활에 지치면 사람은 여행을 가고 싶어진다. 여느 때와는 다른 두근두근하는 마음으로, 계절에 따라 다른 경치를 찾아 걷기도 하고, 일본 각지의 온천을 즐김으로써 당분간 스트레스를 잊을 수 있기 때문이다. 지금은 교통이 편리해 북에서 남까지 어디든 빠르고, 자유롭게 가지만, 때로는 전철을 도중에 내려 지도를 보면서 어슬렁 거니는 것도 재미있다. 조용한 마을 속에서 길을 잃었을 때, 그곳에 살고 있는 사람에게 말을 걸어 맛집을 알게 되기도 한다. 며칠간의 여행에서 돌아오면, 지금까지와 다른 내가 된 기분이 될 수 있는 것도 여행의 또 하나의 기쁨이다.

MEMO

부록

품사별로 외우기

- 동사편
- 형용사편
- 1자 명사편
- する 동사편

동사편

동사만 따로 모아서 학습할 수 있습니다.
품사별 따로 암기하기 동사편은 유형별 카테고리에서
이미 등장한 반복된 단어 입니다.

어휘	읽는 법	의미
会う	あう	만나다
合う	あう	맞다, 어울리다
上がる	あがる	(위로) 오르다
開く	あく	열리다
空く	あく	비다
開ける	あける	열다, 펴다, (눈을) 뜨다
あげる(やる)	あげる	(내가 남에게) 주다
遊ぶ	あそぶ	놀다
集まる	あつまる	모이다
集める ⑫	あつめる	모으다
謝る ⑩ ⑪	あやまる	사과하다
洗う	あらう	씻다, 빨래하다
歩く ⑪	あるく	걷다
生きる	いきる	살다, 생존하다
いじめる	いじめる	괴롭히다
急ぐ ⑬ ⑮	いそぐ	서두르다
祈る	いのる	기도하다, 기원하다
入れる	いれる	넣다
植える	うえる	심다
受かる	うかる	(시험에) 합격하다
受け取る	うけとる	받다, 수취하다

어휘	읽는 법	의미
受ける	うける	받다, (시험을) 치르다
動く ⑭ ⑫	うごく	움직이다
歌う	うたう	부르다
打つ	うつ	때리다, 치다, 부딪다
移す	うつす	(다른 장소로) 옮기다, (직장·직무 등을) 옮기다
移る	うつる	(위치·장소·지위·소속 등이) 바뀌다, 옮기다
生まれる	うまれる	태어나다
売る ⑮	うる	팔다
選ぶ	えらぶ	선택하다
起きる ⑬ ⑩	おきる	일어나다
置く	おく	놓다, 두다
送る ⑭ ⑬ ⑩ ⑪	おくる	보내다
遅れる ⑭	おくれる	늦다
起こす	おこす	일으키다
行う	おこなう	행하다
怒る	おこる	화내다
起こる	おこる	일어나다, 발생하다
教える ⑪	おしえる	가르치다
押す ⑬	おす	밀다, 누르다
落ちる	おちる	떨어지다

어휘	읽는 법	의미
落とす ⑬ ⑪	おとす	떨어뜨리다
驚く ⑬	おどろく	놀라다
覚える ⑫	おぼえる	익히다, 외우다
思い出す	おもいだす	생각해내다, 생각나다
思う	おもう	생각하다
泳ぐ ⑮ ⑭	およぐ	헤엄치다
折る	おる	꺾다
折れる	おれる	접히다, 부러지다
終わる ⑭	おわる	끝나다
飼う	かう	기르다, 사육하다
買う	かう	사다
返す	かえす	돌려주다, 반납하다
変える	かえる	바꾸다
帰る	かえる	돌아오다, 돌아가다
かかる	かかる	걸리다, 들다
かける	かける	걸다, (자물쇠를) 잠그다
かける	かける	곱셈하다, 곱하다
飾る ⑪	かざる	장식하다
貸す ⑮	かす	빌려 주다
数える ⑫	かぞえる	(수를) 세다
片づく	かたづく	정리되다

어휘	읽는 법	의미
片づける ⑩	かたづける	정리하다
勝つ	かつ	이기다
かぶる	かぶる	(모자를) 쓰다
かむ	かむ	씹다
通う	かよう	다니다
借りる	かりる	빌리다
乾く	かわく	마르다
変わる	かわる	변하다
考える ⑬	かんがえる	생각하다
頑張る	がんばる	분발하다
消える	きえる	꺼지다, 사라지다
聞く	きく	듣다, 묻다
決まる ⑩ ⑱	きまる	정해지다
決める ⑫ ⑬	きめる	정하다
着る	きる	입다
切る	きる	자르다
切れる	きれる	다 되다, 끊어지다
比べる	くらべる	비교하다
来る ⑩	くる	오다
くれる	くれる	(남이 나에게) 주다
暮れる	くれる	(날이) 저물다

어휘	읽는 법	의미
消す	けす	끄다
答える ⑮	こたえる	대답하다
困る	こまる	곤란하다
混む ⑪ ⑬ ⑮	こむ	붐비다
壊す	こわす	부수다
壊れる ⑮	こわれる	부서지다
探す ⑬	さがす	찾다
下がる	さがる	(열 등이) 내리다
下げる	さげる	내리다
さす ⑫ ⑩	さす	(우산을) 쓰다
冷める	さめる	식다
騒ぐ ⑫	さわぐ	떠들다
さわる ⑪	さわる	만지다
しかる ⑪ ⑭	しかる	혼내다
死ぬ	しぬ	죽다
閉まる	しまる	닫히다
閉める	しめる	닫다
調べる ⑭	しらべる	조사하다
知る	しる	알다
信じる	しんじる	믿다
過ぎる	すぎる	지나다, 통과하다

어휘	읽는 법	의미
空く ⑬	すく	(속이) 비다
進む ⑩ ⑭	すすむ	진행되다
捨てる	すてる	버리다
すべる	すべる	미끄러지다
住む ⑮ ⑫	すむ	살다
済む	すむ	끝나다
育てる ⑬ ⑫	そだてる	키우다
倒れる	たおれる	쓰러지다
確かめる	たしかめる	확인하다
足す	たす	더하다
出す	だす	내다, 제출하다
たずねる	たずねる	묻다, 찾다
訪ねる	たずねる	방문하다
立つ	たつ	서다
建つ	たつ	(건물이) 세워지다
建てる ⑪	たてる	건물을 짓다
立てる	たてる	세우다
楽しむ	たのしむ	즐기다
頼む	たのむ	부탁하다
足りる	たりる	충분하다
違う	ちがう	다르다

어휘	읽는 법	의미
使う	つかう	사용하다
捕まえる	つかまえる	잡다
つく	つく	붙다
着く ⑮	つく	도착하다
作る	つくる	만들다
付ける	つける	붙이다, (불등을) 켜다
伝える ⑮ ⑪ ⑩	つたえる	알리다, 전달하다
続く	つづく	이어지다, 계속되다
続ける	つづける	계속하다
包む ⑫	つつむ	싸다
勤める	つとめる	근무하다
つながる	つながる	연결되다
釣る	つる	잡다, 낚시하다
つれる	つれる	데리고 가다
出かける	でかける	외출하다
できる	できる	생기다, 할 수 있다
手伝う ⑬	てつだう	돕다
出る	でる	나오다
通る	とおる	통하다, 지나가다
閉じる ⑩ ⑱	とじる	닫히다, 끝나다 닫다, 끝내다
届く	とどく	도착하다

어휘	읽는 법	의미
届ける ⑭	とどける	보내다
止まる	とまる	(〜가) 멈추다, 그치다
泊まる	とまる	숙박하다, 머무르다
とめる	とめる	잠그다, 끊다
止める	とめる	(〜을) 멈추다, 세우다
取りかえる	とりかえる	바꾸다
取る	とる	집다, 취하다
とれる	とれる	떨어지다
直す ⑫	なおす	고치다, 회복하다
直る	なおる	고쳐지다
治る ⑩	なおる	(병이) 낫다
泣く	なく	울다
無くす	なくす	잃다, 분실하다
なくなる	なくなる	없어지다
亡くなる	なくなる	돌아가시다
投げる	なげる	던지다
習う ⑭	ならう	배우다
並ぶ	ならぶ	늘어서다, 줄을 서다
鳴る ⑩	なる	울리다
慣れる ⑬	なれる	익숙해지다
似合う ⑬ ⑩	にあう	어울리다

어휘	읽는 법	의미
逃げる	にげる	도망가다
似る ⑮ ⑫	にる	닮다
脱ぐ	ぬぐ	벗다
盗む	ぬすむ	훔치다
ぬる	ぬる	바르다
濡れる ⑭	ぬれる	젖다
眠る	ねむる	잠자다
寝る	ねる	자다
残る	のこる	남다
登る	のぼる	(높은 곳에) 오르다
上る	のぼる	오르다
飲む	のむ	마시다
乗り換える	のりかえる	갈아타다
乗る ⑫	のる	타다
履く	はく	신다, 입다
掃く	はく	쓸다
運ぶ ⑩	はこぶ	나르다, 운반하다
始まる	はじまる	시작되다
始める ⑫	はじめる	시작하다
走る ⑮ ⑬	はしる	달리다
外す	はずす	떼어내다, 벗기다

어휘	읽는 법	의미
働く	はたらく	일하다
払う ⑪	はらう	지불하다
はる	はる	붙이다
冷える ⑫	ひえる	식다, 차가워지다
光る ⑫ ⑱	ひかる	빛나다
弾く	ひく	(악기를) 치다
引く	ひく	당기다
引っ越す ⑫	ひっこす	이사하다
冷やす	ひやす	식히다, 차게하다
開く(2) ⑬	ひらく	열리다, 개최되다
拾う ⑭ ⑬	ひろう	줍다
増える ⑮	ふえる	늘다
拭く	ふく	닦다
ぶつかる	ぶつかる	충돌하다
ぶつける	ぶつける	부딪히다
太る ⑩ ⑫	ふとる	살찌다
踏む	ふむ	밟다
減る	へる	줄다
ほめる ⑪ ⑬	ほめる	칭찬하다
負ける	まける	지다
間違える	まちがえる	잘못 알다

어휘	읽는 법	의미
待つ ⑬ ⑪ ⑮	まつ	기다리다
間に合う ⑫	まにあう	시간에 늦지 않게 맞추다
守る	まもる	지키다
迷う	まよう	망설이다, 헤매다
回る	まわる	돌다, 돌아다니다
見える	みえる	보이다
磨く	みがく	닦다
見せる	みせる	보여 주다
見つかる	みつかる	발견되다
見つける	みつける	발견하다
向かう	むかう	향하다
迎える	むかえる	맞이하다
申し込む	もうしこむ	신청하다
燃える	もえる	타다
持つ	もつ	가지다, 들다
戻る ⑬	もどる	되돌아가다(오다)
もらう	もらう	받다
焼く	やく	태우다, 굽다
焼ける	やける	구워지다

어휘	읽는 법	의미
やせる	やせる	마르다
止む ⑬	やむ	(비가) 그치다
やめる ⑬	やめる	(담배 등을) 끊다
やる	やる	①주다 ②하다
揺れる	ゆれる	흔들리다
汚す	よごす	더럽히다
汚れる ⑭ ⑫	よごれる	더러워지다
呼ぶ	よぶ	부르다
読む	よむ	읽다
寄る ⑬	よる	들르다
喜ぶ	よろこぶ	기뻐하다
沸かす ⑭	わかす	(물을) 끓이다
別れる	わかれる	헤어지다
沸く	わく	끓다
忘れる	わすれる	잊다, 잊고 두고 오다
渡す ⑫	わたす	건네다, 넘기다
笑う	わらう	웃다
割る ⑪	わる	깨다
割れる	われる	깨지다

어휘	읽는 법	의미
青い ⑪	あおい	파랗다
赤い ⑬	あかい	빨갛다
明るい ⑫	あかるい	밝다
浅い ⑫	あさい	얕다
温かい	あたたかい	(물, 음식, 성격 등이) 따뜻하다
新しい	あたらしい	새롭다
厚い	あつい	두껍다
熱い	あつい	뜨겁다
暑い	あつい	덥다
危ない ⑮	あぶない	위험하다
甘い	あまい	달다
忙しい	いそがしい	바쁘다
痛い	いたい	아프다
薄い ⑪	うすい	①얇다 ②연하다
美しい ⑬	うつくしい	아름답다
うまい ⑪	うまい	맛있다, 잘하다
うるさい	うるさい	시끄럽다
嬉しい	うれしい	기쁘다
多い	おおい	많다
おかしい	おかしい	이상하다, 우습다
大人しい ⑪ ⑬	おとなしい	얌전하다

어휘	읽는 법	의미
重い ⑭ ⑫	おもい	무겁다
硬い ⑫	かたい	딱딱하다
悲しい	かなしい	슬프다
辛い	からい	맵다
軽い ⑭ ⑫	かるい	가볍다
きたない ⑭	きたない	더럽다, 지저분하다
厳しい ⑮ ⑫	きびしい	엄하다, 험하다
暗い ⑫ ⑬ ⑭ ⑱	くらい	어둡다
黒い ⑮	くろい	검다
細かい	こまかい	잘다, 자세하다
怖い	こわい	무섭다
さびしい	さびしい	쓸쓸하다, 적적하다
寒い ⑭	さむい	춥다
塩辛い	しおからい	짜다
少ない	すくない	적다
すごい	すごい	굉장하다
すずしい ⑫	すずしい	시원하다, 선선하다
すっぱい	すっぱい	시큼하다
すばらしい	すばらしい	멋지다
高い ⑭	たかい	비싸다, 높다
正しい	ただしい	바르다, 옳다

어휘	읽는 법	의미
楽しい ⑭	たのしい	즐겁다
足りない ⑬ ⑮	たりない	부족하다, 모자라다
小さい	ちいさい	작다
近い	ちかい	가깝다
つまらない	つまらない	시시하다, 하찮다
冷たい ⑫	つめたい	차갑다
強い ⑬	つよい	세다, 강하다
遠い ⑮ ⑩	とおい	멀다
懐かしい	なつかしい	그립다
苦い ⑪	にがい	쓰다
眠い ⑪	ねむい	졸리다
恥ずかしい	はずかしい	부끄럽다
早い	はやい	이르다
速い	はやい	빠르다
低い	ひくい	낮다
ひどい	ひどい	심하다

어휘	읽는 법	의미
広い	ひろい	넓다
深い ⑮	ふかい	깊다
太い	ふとい	굵다
古い	ふるい	오래되다
ほしい	ほしい	갖고 싶다
細い	ほそい	가늘다, 좁다
短い	みじかい	짧다
珍しい	めずらしい	진귀하다, 드물다
優しい	やさしい	상냥하다, 마음씨가 곱다
易しい	やさしい	쉽다, 용이하다
安い	やすい	싸다
やわらかい	やわらかい	부드럽다
よろしい	よろしい	좋다, 괜찮다
弱い ⑩ ⑱	よわい	약하다
若い	わかい	젊다
悪い	わるい	나쁘다

> MEMO

[ナ] 형용사편

어휘	읽는 법	의미
安全(な)	あんせん	안전(한)
一生懸命(な)	いっしょう けんめい(な)	열심인
嫌(な)	いや(な)	싫은
同じ	おなじ	같음
簡単(な)	かんたん(な)	간단(한)
危険(な) ⑮	きけん(な)	위험(한)
嫌い(な)	きらい(な)	싫어하는
きれい(な)	きれい(な)	깨끗한, 예쁜
結構(な)	けっこう(な)	괜찮은
元気(な)	げんき(な)	건강한, 활발한
盛ん(な)	さかん(な)	활발한, 번창한
残念(な) ⑮ ⑬	ざんねん(な)	유감스러운
静か(な) ⑫	しずか(な)	조용한, 평온한
失礼(な)	しつれい(な)	무례(한), 예의없는
十分(な) ⑫ ⑮	じゅうぶん(な)	충분(한)
上手(な)	じょうず(な)	잘하는, 능숙한
親切(な) ⑪	しんせつ(な)	친절(한)
心配(な)	しんぱい(な)	걱정스러운
好き(な)	すき(な)	좋아하는
大事(な) ⑭	だいじ(な)	소중한, 중요한
大丈夫(な)	だいじょう ぶ(な)	괜찮은

어휘	읽는 법	의미
大切(な) ⑭	たいせつ(な)	중요한, 소중한
だめ(な)	だめ(な)	좋지 않은, 소용없는
丁寧(な) ⑪ ⑭	ていねい(な)	정중(한)
適当(な)	てきとう(な)	적당(한), 알맞은
特別(な)	とくべつ(な)	특별(한)
にぎやか(な) ⑪	にぎやか(な)	떠들썩한, 번화한
熱心(な)	ねっしん(な)	열심(인)
必要(な)	ひつよう(な)	필요(한)
複雑(な)	ふくざつ(な)	복잡(한)
不便(な) ⑭	ふべん(な)	불편(한)
変(な)	へん(な)	이상한, 우스운
便利(な) ⑪	べんり(な)	편리(한)
真面目(な) ⑬ ⑪	まじめ(な)	성실한
無理(な)	むり(な)	무리(인)
有名(な)	ゆうめい(な)	유명(한)

어휘	읽는 법	의미	어휘	읽는 법	의미
間	あいだ	사이, 동안	枝	えだ	나뭇가지
秋 ⑪ ⑮	あき	가을	お客さん	おきゃくさん	손님
足 ⑭	あし	다리, 발	億	おく	억
味 ⑮ ⑬	あじ	맛	お茶	おちゃ	차
頭 ⑮	あたま	머리	夫	おっと	남편
兄 ⑫	あに	형, 오빠	音	おと	소리, 음
姉	あね	누나, 언니	弟	おとうと	남동생
池	いけ	연못	表	おもて	겉
石 ⑪	いし	돌	親	おや	어버이, 부모
糸	いと	실	お湯	おゆ	뜨거운 물
犬	いぬ	개	お礼 ⑪ ⑭	おれい	사례 인사(선물)
妹 ⑬	いもうと	여동생	顔 ⑭ ⑱	かお	얼굴
色	いろ	색, 색깔	風	かぜ	바람
牛	うし	소	形	かたち	형태, 모양
歌	うた	노래	壁	かべ	벽
内	うち	(범위) 안, 속	紙 ⑫ ⑱	かみ	종이
腕	うで	팔	髪	かみ	머리(털)
馬	うま	말	体 ⑬	からだ	몸
海	うみ	바다	缶	かん	캔
裏	うら	뒤	気	き	정신, 기운
駅 ⑪	えき	역	区	く	구, 지역

어휘	읽는 법	의미
草	くさ	풀
薬 ⑭ ⑬	くすり	약
首	くび	목, 고개
雲 ⑬	くも	구름
毛	け	털
県	けん	현
声	こえ	목소리
氷 ⑭	こおり	얼음
心	こころ	마음
ご飯	ごはん	밥, 식사
米	こめ	쌀
坂	さか	언덕, 비탈길
魚	さかな	물고기, 생선
市	し	시
字 ⑩	じ	글씨
島	しま	섬
砂	すな	모래
隅	すみ	구석
席	せき	자리
空	そら	하늘
畳	たたみ	다다미

어휘	읽는 법	의미
棚	たな	선반
血	ち	피
力	ちから	힘
月	つき	달
机 ⑫	つくえ	책상
妻	つま	아내
手	て	손
寺	てら	절
都	と	도(행정 구역)
度	ど	~도(온도)
鳥	とり	새
夏 ⑱	なつ	여름
西	にし	서쪽
熱 ⑬ ⑮	ねつ	열
葉	は	잎
歯	は	이
花	はな	꽃
話	はなし	이야기
林 ⑭	はやし	수풀, 숲
春	はる	봄
火	ひ	불

어휘	읽는 법	의미
日	ひ	해, 날
光	ひかり	빛
服	ふく	옷
袋	ふくろ	봉투
船	ふね	배
冬	ふゆ	겨울
文	ぶん	글, 문장
星	ほし	별
町	まち	시가지, 시내
豆	まめ	콩
身	み	몸, 신체, 자신, 입장
湖	みずうみ	호수
店	みせ	가게
緑	みどり	녹색, 새싹

어휘	읽는 법	의미
港 ⑪	みなと	항구
耳	みみ	귀
昔	むかし	옛날
虫	むし	벌레
娘	むすめ	딸
村	むら	마을
目	め	눈
綿	めん	면 (무명실)
森 ⑫	もり	숲
門	もん	문
床	ゆか	바닥
雪 ⑪	ゆき	눈
指	ゆび	손가락
夢	ゆめ	꿈

MEMO

する 동사편

어휘	읽는 법	의미
安心 [12] [15]	あんしん	안심
案内 [10] [12]	あんない	안내
意味	いみ	의미
運転 [13]	うんてん	운전
運動 [12]	うんどう	운동
営業 [18]	えいぎょう	영업
遠慮 [13]	えんりょ	사양, 거리낌
会議	かいぎ	회의
確認	かくにん	확인
感動	かんどう	감동
帰国 [18]	きこく	귀국
教育	きょういく	교육
競争	きょうそう	경쟁
緊張	きんちょう	긴장
計画 [15]	けいかく	계획
経験 [11] [13]	けいけん	경험
下宿	げしゅく	하숙
化粧	けしょう	화장
けんか [15]	けんか	싸움
研究 [12] [15]	けんきゅう	연구
見物	けんぶつ	구경

어휘	읽는 법	의미
講義	こうぎ	강의
工事 [12]	こうじ	공사
故障 [11] [12]	こしょう	고장(나다)
作文	さくぶん	작문
参加	さんか	참가
賛成 [15]	さんせい	찬성
散歩	さんぽ	산책
試合 [14]	しあい	시합
試験	しけん	시험
仕事 [12]	しごと	일
支度	したく	준비, 채비
試着	しちゃく	입어 봄
失敗 [12]	しっぱい	실패
質問	しつもん	질문
授業	じゅぎょう	수업
出席	しゅっせき	출석
出発 [11]	しゅっぱつ	출발
準備	じゅんび	준비
招待 [13]	しょうたい	초대
承知	しょうち	알아들음, 승락
食事 [12]	しょくじ	식사

어휘	읽는 법	의미
心配	しんぱい	걱정
生活	せいかつ	생활
生産 ⑫ ⑭ ⑮ ⑱	せいさん	생산
説明 ⑩	せつめい	설명
戦争	せんそう	전쟁
相談	そうだん	상담
卒業	そつぎょう	졸업
退院	たいいん	퇴원
遅刻 ⑪	ちこく	지각
注意	ちゅうい	주의
中止 ⑫	ちゅうし	중지
注射	ちゅうしゃ	주사
入院 ⑫	にゅういん	입원
入学	にゅうがく	입학
寝坊 ⑭ ⑬ ⑪	ねぼう	늦잠
配達	はいたつ	배달

어휘	읽는 법	의미
発音	はつおん	발음
花見	はなみ	꽃구경
反対 ⑬ ⑫	はんたい	반대
復習	ふくしゅう	복습
放送	ほうそう	방송
翻訳	ほんやく	번역
輸出 ⑬	ゆしゅつ	수출
輸入	ゆにゅう	수입
用意	ようい	준비
予習	よしゅう	예습
予約 ⑬ ⑪	よやく	예약
利用 ⑮ ⑫	りよう	이용
旅行 ⑬	りょこう	여행
練習	れんしゅう	연습
連絡	れんらく	연락

> MEMO

MEMO

색인

MEMO

MEMO